精准脱贫：重庆的探索与实践
中国扶贫发展中心　组织编写

怎样攻克深度贫困

覃志敏 / 编著

中国文联出版社

图书在版编目（CIP）数据

怎样攻克深度贫困 / 覃志敏编著 . -- 北京：中国文联出版社，2021.11
 ISBN 978-7-5190-4600-2

Ⅰ. ①怎… Ⅱ. ①覃… Ⅲ. ①扶贫-研究-重庆 Ⅳ. ① F127.719

中国版本图书馆 CIP 数据核字 (2021) 第 110788 号

编　　著	覃志敏
责任编辑	刘　丰
责任校对	胡世勋　田宝维　鹿　丹
图书设计	谭　锴

出版发行	中国文联出版社有限公司
社　　址	北京市朝阳区农展馆南里 10 号　　邮编 100125
电　　话	010-85923025（发行部）　010-85923091（总编室）
经　　销	全国新华书店等
印　　刷	北京市庆全新光印刷有限公司
开　　本	880 毫米 ×1230 毫米　1/32
印　　张	6
字　　数	105 千字
版　　次	2021 年 11 月第 1 版第 1 次印刷
定　　价	59.00 元

版权所有·侵权必究
如有印装质量问题，请与本社发行部联系调换

精准脱贫：重庆的探索与实践
编委会

主　　任：刘贵忠

顾　　问：刘戈新

副 主 任：魏大学　　黄长武　　莫　杰　　王光荣　　董瑞忠
　　　　　徐海波　　周　松　　罗代福　　李　清　　田茂慧
　　　　　吴大春　　马宗南

成　　员：孙元忠　　兰江东　　刘建元　　李永波　　卢贤炜
　　　　　胡剑波　　颜　彦　　熊　亮　　孙小丽　　徐威渝
　　　　　唐　宁　　蒲云政　　李耀邦　　王金旗　　葛洛雅柯
　　　　　汪　洋　　李青松　　李　婷　　牛文伟

编　　辑：赵紫东　　谭其华　　杨　勇　　胡力方　　孙天容
　　　　　郑岘锋　　刘天兰　　李　明　　郭　黎　　陈　勇

主　　编：魏大学　　周　松

执行主编：孙小丽　　牛文伟

副 主 编：赵紫东　　谭其华　　杨　勇　　陈　勇

目录

第一章·深度贫困治理：理论基础与顶层设计

深度贫困治理的指导思想·004

深度贫困治理的理论·011

深度贫困治理的顶层设计·020

第二章·深度贫困治理：政策创新与组织保障

深度贫困的总体情况·027

以乡镇为重点的深度贫困治理政策体系·037

深度贫困乡镇脱贫的指挥调度体系·058

深度贫困乡镇脱贫的监督考核体系·063

第三章·深度贫困治理：四个"聚焦"创新实践

聚焦深度改善基础设施·071

聚焦深度调整产业结构·092

聚焦深度推进农村集体产权制度改革·108

聚焦深度落实扶贫惠民政策·129

第四章·攻克深度贫困的成效与经验

攻克深度贫困的总体成效·157

攻克深度贫困的基本经验·163

第五章·深度贫困治理的总结与展望

攻克深度贫困的实践总结·175

深度贫困地区巩固拓展脱贫成果展望·181

后记·185

第一章·深度贫困治理：理论基础与顶层设计

2012年12月,习近平总书记在河北省阜平县考察扶贫开发工作时指出:"全面建成小康社会,最艰巨最繁重的任务在农村、特别是在贫困地区。没有农村的小康,特别是没有贫困地区的小康,就没有全面建成小康社会。"[1]2015年在中央扶贫开发工作会议上习近平总书记指出:"全面建成小康社会,最艰巨的任务是脱贫攻坚,最突出的短板在于农村还有七千多万贫困人口。"[2]为此,以习近平总书记为核心的党中央确立了打赢脱贫攻坚战的目标,到二〇二〇年我国现行标准下农村贫困人口实现脱贫,贫困县全部摘帽,解决区域性整体贫困,并作为党和国家全面建成小康社会的底线任务和对全国人民所做的庄严承诺。

深度贫困是贫中之贫、困中之困,是全面建成小康社会最为突出的"短板",也是脱贫攻坚最难啃的"硬骨头"。2017年6月23日,习近平总书记在山西主持召开深度贫困地区脱贫攻坚座谈会研究如何攻克深度贫困堡垒,表明我国脱贫攻坚开始向深度贫困发起"总攻"。2017年底,按照现行贫困标准,我国农村贫困人口从2012年底9899万人减少到2017年底的3046万人,减

---

1. 习近平总书记在河北省阜平县考察扶贫开发工作时的讲话,2012年12月。

2. 习近平总书记在中央扶贫开发工作会议上的讲话,2015年11月27日。

贫幅度达到70%左右，贫困发生率由2012年底的10.2%下降到2017年底的3.1%，下降7.1个百分点。2018年2月，习近平总书记主持召开打好精准脱贫攻坚战座谈会并发表重要讲话，提出把提高脱贫质量放在首位，聚焦深度贫困地区，全面打好脱贫攻坚战。此后，攻克深度贫困成为脱贫攻坚的重中之重。

深度贫困治理的指导思想

　　深度贫困致贫因素众多、致贫机理复杂，是绝对贫困中的极端贫困现象，是打赢脱贫攻坚战必须啃下的最硬的"骨头"。习近平总书记关于深度贫困及其治理最集中和完整的论述是 2017 年 6 月 23 日在山西太原主持召开深度贫困地区脱贫攻坚座谈会发表的重要讲话。习近平关于深度贫困的重要论述成为我国攻克深度贫困的指导思想和行动指南。

一、深度贫困地区是脱贫攻坚的坚中之坚

　　在全面分析我国贫困问题特点和脱贫挑战的基础上，习近平总书记指出我国脱贫攻坚的主要难点在深度贫困，分列了几种主要的深度贫困地区类型：第一类是连片深度贫困地区，包括西藏和四川藏区、南疆四地

州、四川凉山、云南怒江、甘肃临夏等地。这些深度贫困地区贫困发生率普遍在20%左右。生存环境恶劣,致贫原因复杂,基础设施薄弱,公共服务事业发展长期滞后,是这些地区的共同特点。第二类是深度贫困县。主要为贫困发生率平均在23%,平均贫困人口接近3万的贫困县。这些县分布在全国14个省(自治区)。第三类是深度贫困村。全国12.8万个建档立卡贫困村居住了60%的贫困人口,基础设施和公共服务严重滞后,村"两委"能力普遍较低,四分之三的贫困村没有合作经济组织,三分之二的贫困村没有村集体经济,没有人管事、干事,无钱办事现象突出。

基于河北省的深入调查,习近平总书记将深度贫困的特征概括为"两高、一低、一差、三重"。"两高"指贫困人口占比高、贫困发生率高;"一低"指人均可支配收入低;"一差"指基础设施和住房差;"三重"指低保五保贫困人口脱贫任务重、因病致贫返贫人口脱贫任务重、贫困老年人脱贫任务重。习近平总书记深刻指出:"深度贫困地区在2020年如期实现脱贫攻坚目标,难度之大可想而知。脱贫攻坚本来就是一场硬仗,而深度贫困地区脱贫攻坚是这场硬仗中的硬仗。我们务必深刻认识深度贫困地区如期完成脱贫攻坚任务的艰巨性、重要性、紧迫性,采取更加集中的支持、更加有效的举措、更加有力的工作，扎实推进深度贫困地区脱贫攻坚。"[1]

二、全面把握深度贫困的主要原因

习近平总书记指出："推进深度贫困地区脱贫攻坚，需要找准导致深度贫困的主要原因，采取有针对性的脱贫攻坚举措。"[2] 归纳来看，深度贫困主要有以下几类原因。第一，集革命老区、民族地区、边疆地区于一体。自然地理、经济社会、民族宗教、国防安全等交织在一起，大大增加脱贫攻坚的复杂性和难度。第二，基础设施和社会事业发展滞后。深度贫困地区自然条件恶劣，自然灾害多发，地理区位偏远，资源匮乏。这些地区建设成本高，工程实施难度大，要实现基础设施和基本公共服务主要领域指标接近全国平均水平难度大。第三，社会发育滞后，社会文明程度低。因历史、自然条件等多方面原因，深度贫困地区长期封闭，与外界的联系弱。社会文明发育慢，文明程度比较低，但人口出生率高。生病不就医、难就医、乱就医现象比较普遍。人们文化水平低，很多人不学汉语、不识字，不懂普通话，

---

1. 习近平总书记在深度贫困地区脱贫攻坚座谈会上的讲话，2017年6月23日。

2. 习近平总书记在深度贫困地区脱贫攻坚座谈会上的讲话，2017年6月23日。

辍学现象突出。一些地方文明法治意识淡薄,搞法事、婚丧嫁娶讲排场、搞攀比,不少贫困群众安于现状,缺乏脱贫内生动力。第四,生态环境脆弱,自然灾害频发。深度贫困地区与重要生态功能区具有耦合性,深度贫困地区发展经济与生态保护的矛盾比较突出。地质灾害频发,也使得实现脱贫和巩固成果存在很大的不确定性,贫困治理难度大。第五,经济发展滞后,人穷村也穷。深度贫困村缺乏产业发展基础,投入不足,产业结构单一,脆弱性强,产业对带贫作用十分有限,村集体经济收入低。

三、加大力度推进深度贫困地区脱贫攻坚

习近平总书记从合理确定脱贫目标、加大投入支持力度、集中优势兵力打攻坚战、区域发展必须围绕精准扶贫发力、加大各方帮扶力度、加大内生动力培育力度、加大组织领导力度和加强检查督查八个方面系统论述了深度贫困地区的脱贫攻坚部署。

第一,合理确定脱贫目标。严格执行中央"两不愁三保障"脱贫目标,既不要好高骛远,也不要吊高各方胃口。

第二,加大投入支持力度。发挥政府投入的主体和主导作用,发挥金融资金的引导和协同作用。新增脱贫

攻坚资金、脱贫项目、新增脱贫举措主要集中于深度贫困地区脱贫攻坚。各部门惠民项目向深度贫困地区倾斜，各级财政加大对深度贫困地区转移支付规模，资本市场注意对深度贫困地区上市企业安排，保险机构适当降低深度贫困地区的保费收取标准。新增建设用地指标优先保障深度贫困地区脱贫攻坚用地，允许深度贫困县将城乡建设用地增减挂钩指标在省域范围内使用。

第三，集中优势兵力打攻坚战。要重点解决深度贫困地区公共服务、基础设施以及基本医疗保障的问题，实施贫困村提升工程，发展壮大集体经济，完善基础设施，打通脱贫攻坚"最后一公里"。对自然条件恶劣地区加大易地扶贫搬迁力度，对生态脆弱禁止开发和限制开发地区增加护林员等公益岗位，加大医疗救助、临时就业、慈善救助，对无法依靠产业扶持和就业帮扶的家庭实行政策性保障兜底。

第四，区域发展必须围绕精准扶贫发力。深度贫困地区的区域发展是精准扶贫的基础，是精准扶贫的重要组成部分。集中连片的贫困区要着力解决健全公共服务、建设基础设施、发展产业等问题，但必须明确，这样做是为了给贫困人口脱贫提供有利的发展环境，在深度贫困地区促进区域发展的措施必须围绕如何减贫来进行，真正为实施精准扶贫奠定良好基础。深度贫困地区要改善经济发展方式，重点发展贫困人口能够接受的产业，如特色产业、劳动密集型的加工业和服务等。交通建设项目要尽量做到向进村入户倾斜，水利工程项目要向贫困村和小型农业生产倾斜，生态保护项目要提高贫困人口参与度和受益水平，新型农村合作医疗和大病保险制度要对贫困人口实行政策倾斜。

第五，加大各方帮扶力度。要在资金、项目、人员等方面加大东部地区和中央单位对深度贫困地区的帮扶支持，强化帮扶责任。东部经济发达县结对帮扶西部贫困县"携手奔小康"和民营企业"万企帮万村行动"，要向深度贫困地区倾斜。通过多种方式，积极引导社会力量广泛参与深度贫困地区脱贫攻坚，帮助深度贫困群众解决生产生活困难。

第六，加大内生动力培育力度。一些地方出现干部作用发挥有余、群众作用发挥不足现象。注重调动贫困群众的积极性、主动性、创造性，注重培育贫困群众发展生产和经商就业的基本技能，注重激发贫困地区和贫困群众脱贫致富的内在活力，注重提高贫困地区和贫困群众自我发展能力。弘扬中华民族传统美德，勤劳致富，勤俭持家。发扬中华民族孝亲敬老的传统美德，引导人们自觉承担家庭责任、树立良好家风，强化家庭成员赡养、扶养老年人的责任意识。要改变简单给钱、给物、给牛羊的做法，多采用生产奖补、劳务补助、以工代赈等机制，不大包大揽、不包办代替，引导广大群众用自己的辛勤劳动实现脱贫致富。

第七，加大组织领导力度。解决深度贫困问题，加强组织领导是保证。各级党委和政府要坚决落实党中央决策部署，坚定不移做好脱贫攻坚工作。深度贫困地区党委和政府要坚持把脱贫攻坚作为"十三五"期间头等大事和第一民生工程来抓，坚持以脱贫攻坚统揽经济社会发展全局。深度贫困地区脱贫攻坚尤其要加强第一线的组织领导，精选驻村干部，下决心解决软弱涣散基层班子的问题，发挥好村党组织在脱贫攻坚中的战斗堡垒作用。

第八，加强检查督查。实施最严格的考核评估，坚持年度脱贫攻坚报告和督查制度，加强督查问责，对不严不实、弄虚作假的严肃问责。加强资金管理，对挪用乃至贪污扶贫款项的行为必须坚决纠正、严肃处理。

深度贫困治理的理论

我国深度贫困地区主要为资源匮乏、环境恶劣、发展方式落后、市场信息闭塞等"老、少、边、穷"地区。深度贫困是绝对贫困的极端类型，致贫原因复杂，脱贫难度大。攻克深度贫困，既要把握好深度贫困的复杂致贫原因，也要充分发挥政府、市场、社会力量等外部主体的扶贫资源动员和扶贫治理的优势，更要激发贫困人口脱贫的内生动力，实现可持续脱贫。攻克深度贫困的理论基础包括了政府治理理论、可行能力贫困理论、内源性发展理论以及可持续生计理论。

一、政府治理理论

政府主导扶贫治理是我国农村减贫的重要特色。贫困地区和贫困人口在国家必要支持下，利用贫困地区的自然资源，进行开发性生产建设，逐步形成贫困地区和贫困户的自我积累和发展能力，依靠自身力量解决温饱、脱贫致富。政府主导下的扶贫治理属于国家治理的重要一环，其理论基础包含了政府治理理论。

治理（governance）概念源于古典拉丁文或古希腊语"引领导航"（steering）一词，原意是控制、引导和操纵，指的是在特定范围内行使权威。它隐含着一个政治进程，即在众多不同利益共同发挥作用的领域建立一致或取得认同，以便实施某项计划。[1] 治理理论的发展进一步催生以奥斯特罗姆为代表的制度分析学派的多中心治理理论。具体地说，单中心意味着政府作为唯一的主体对社会公共事务进行排他性管理，多中心则意味着在社会公共事务的管理过程中，并非只有政府一个主体，而是存在着包括中央政府单位、地方政府单位、政府派生实体、非政府组织、私人机构以及公民个人在内的许多决策中心，他们在一定的规则约束下，以多种形式共同行使主体性权力。这种主体多元、方式多样的公共事务管理体制就是多中心体制。[2] 多中心的治理结构要求在公共事务领域中国家和社会、政府和市场、政府和公民共同参与，结成合作、协商和伙伴关系，在国家公共事务、

---

1. 俞可平. 治理与善治. 北京：社会科学文献出版社, 2000.
2. 陈广胜. 走向善治. 杭州：浙江大学出版社, 2007.

社会公共事务甚至政府部门内部事务的管理上，借助于多方力量共同承担责任，以实现公共利益的最大化。

改革开放以来，我国在政府机构改革中强调转变政府的职能，建立服务型政府。在贫困治理领域，我国在20世纪80年代中期推进的开发式扶贫便强调以政府主导、社会参与、贫困群众为主体的"大扶贫"格局。政府治理理论坚持善治原则，政府坚持执政为民的理念，主张建立政府与公民之间的合作与互动关系，在扶贫上体现为政府制定扶贫政策，鼓励和支持贫困群众、社会力量参与贫困地区资源开发和经济建设，在促进贫困地区经济增长的同时，实现贫困群众的增收和发展能力的提升。在精准扶贫时期，政府主导仍成为我国精准扶贫治理的重要特色。政府不仅在扶贫资源投入上发挥了主体和主导作用，同时通过精准扶贫机制将各类扶贫资源瞄准贫困对象，实现扶贫精准到村到人。

二、可行能力贫困理论

深度贫困的产生既有自然条件恶劣、地理区位劣势、基础设施薄弱等客观或外部的原因，也有贫困人口发展意识弱、发展能力不足等主观或内部的原因。深度贫困致贫原因复杂，通常具有多维贫困特点。可行能力贫困理论将贫困的解释聚焦于贫困人口在多个层面能力的缺失，是理解深度贫困现象的重要理论。

可行能力贫困理论由印度籍经济学家阿玛蒂亚·森提出。森认为收入低下是生活贫困的重要原因，贫困的本质是人基本能力的缺失和被剥夺，经济收入只是我们追求有理由珍视的幸福生活的一种手段。森的可行能力理论认为，贫困是多维度的，包括经济收入、健康、教育、住房、社会交往、政治权利等多方面，当某一方面的能力缺失时，个人可能陷入贫困状态。在《以自由看待发展》一书中，森提出了五种基本的可行能力自由：第一，政治自由，包括人们有选举的权利、批评监督的权利以及政治表达的机会；第二，经济条件，即个人拥有的运用其经济资源的机会；第三，社会机会，即保障个体平等地享受教育、医疗等社会公共服务以促进个体拥有平等的社会机会；第四，透明性保证，即满足人们对于信息公开性的需要；第五，防护性保障，即建立社会安全网，为人们提供社会保护。这五种自由被阿玛蒂亚·森称之为工具性自由，五种自由相互联系、相互促进，目的是为了拓展我们的可行能力范围。

森进一步指出贫困实质是能力的丧失，更确切地说是"可行能力"被剥夺的状态。"可行能力"是人们有获得自己想要的生活方式的自由，包括良好的营养、居住条件、医疗卫生条件，等等。[1] 依据可行能力贫困理论，解决贫困问题要重视贫困人口的能力建设、认真对待贫困人口的权利和以分配正义推进贫困治理。[2] 2001年世界银行对贫困的定义包括了物品的不足（以适当的收入和消费概念来测算）、缺乏教育资源、面临风险时的贫困者的脆弱性，以及缺乏表达自身需求的能力。我国精准扶贫精准脱贫方略中，"五个一批"精准扶贫思想正是基于可行能力的多维贫困理论建构起来的，体现了公共政策的精准性和靶向性。[3]

三、内源性发展理论

贫困人口实现自我发展和长效脱贫是精准扶贫的根本目标。精准扶贫实践强调激发贫困群众内生动力，实现个人的可持续发展，体现的是内源性发展思想。

针对内生或内源性发展的含义，不同的学者或组织对内生式或内源性发展的具体理解不尽相同，但是其中有一些共同的理念：内生式或内源性发展是一种主要由

---

1. ［印度］阿玛蒂亚·森.以自由看待发展.任赜、于真,译.北京：中国人民大学出版社,2012.
2. 蒋谨慎.论阿玛蒂亚·森对贫困理论的变革.社会科学家,2017(5).
3. 黄承伟,王猛."五个一批"精准扶贫思想视阈下多维贫困治理研究.河海大学学报（哲学社会科学版）,2017(5).

发展地区内部来推动和参与、充分利用发展地区自身的力量和资源、尊重自身的价值与制度、探索适合自身的发展道路。[1]亨利·明茨伯格指出注重"以个体或群体方式独立自主解决问题而带来的自尊。而这种自尊，又是由立足于本土文化传统、能够独立自主、并且找到适合自己的经营之道的组织培育出来的"。[2]回归到扶贫的主题上，内生或内源性发展理念旨在提供一种参与式农村评估方法。这种方法通过向当地居民学习来了解其发展意愿，鼓励他们对自身的困境和问题进行分析，向他们赋权，让个体充分参与到发展过程中，并调动本土的力量为实现他们的发展愿望而采取相应措施。[3]内源性发展理念强调发展的内生性，即社会或者个体的发展需要从内部进行推动，内源意为"在内部或从内部产生的"，它强调思考和创造的内部努力。[4]内源性发展坚持以人为中心，鼓励他们根据自己的经济、文化及社会的特点，探索发展的道路，确定发展的目标，并且在这种探索中，使他们的认识和能力得到提升。其中，最重要的是发掘

---

1. 邓万春.内生或内源性发展理论.理论月刊,2011(4).
2. 亨利·明茨伯格.发展的反思.廉晓红,译.IT经理世界,2007(9).
3. 罗朗·科兰.社会交流和大众参与发展：传统与现代.北京：社会科学文献出版社,1988.
4. 黎成魁.科学和技术：内源发展的选择.北京：社会科学文献出版社,1988.

潜能,培养自主精神,发展自助能力。[1]

内源性扶贫思想是习近平扶贫思想的重要内容。习近平总书记指出:"贫困地区发展要靠内生动力,如果凭空救济出一个新村,简单改变村容村貌,内在活力不行,劳动力不能回流,没有经济上的持续来源,这个地方下一步发展还是有问题。一个地方必须有产业,有劳动力,内外结合才能发展。"[2]强调贫困地区和扶贫对象是否具备了内生发展动力是扶贫目标能否实现的根本标志,只有内生动力和"造血"功能不断增强,其发展才具有可持续性。在深度贫困治理中内源性扶贫之要义在于协调现代性干预与传统要素之间的平衡,充分挖掘社区发展资源优势和激发社区内源动力特别是个体的内生性动力,确保贫困人口自我发展能力提升和社区持续减贫。[3]

四、可持续生计理论

农村贫困与农户生计的脆弱性紧密相关,互为因

---

1. 钱宁.文化建设与西部民族地区的内源发展.云南大学学报(社会科学版),2004(1).
2. 刘永富.打赢全面建成小康社会的扶贫攻坚战——深入学习贯彻习近平同志关于扶贫开发的重要讲话精神.人民日报,2014-4-9(7).
3. 覃志敏.连片特困地区农村贫困治理转型:内源性扶贫——以滇西北波多罗村为例.中国农业大学学报(社会科学版),2015(6).

果。生计资本存量低且配置不合理、生计策略选择可行能力弱、生计途径单一或缺乏,是导致贫困群众形成贫困与生计脆弱恶性循环的根本原因。[1]从生计角度出发,注重培育和发展贫困农户可持续的生计在理论上得到了充分论证,也形成了广泛的实践基础。

可持续生计是指个人或家庭所拥有和获得的、能用于谋生和改善长远生活状况的资产、能力和有收入活动的集合。可具体划分为人力资本、自然资本、物质资本、金融资本和社会资本。艾希礼(Ashley)和卡尼(Carney)在可持续发展经验基础上提出可持续生计的6项原则:一是以人为本,外部干预要关注不同群体的需求,帮助其形成适合能力、环境的生计策略;二是响应和参与式原则,倾听贫困人口意见,并做出回应;三是多层次性,微观层面确保行动有助于改善环境,宏观层面确保结构和发展过程有助于农户增强自我发展能力;四是多方合作原则,公共部门与私人部门的合作与推动;五是可持续性原则,经济、制度、社会环境的可持续,且保持各维度间的平衡;六是动态性原则,发展干预要意识到农户生计策略的动态性本质,及时调整干预措施,并

---

1. 何仁伟,李光勤,刘邵权,徐定德,李立娜.可持续生计视角下中国农村贫困治理研究综述.中国人口·资源与环境,2017(11).

制订长远发展计划。[1]得到广泛使用的可持续生计分析框架为英国国际发展部（DFID）建立的可持续生计分析框架。该框架通过脆弱性背景、生计资本、结构转变和过程的转变、生计策略、生计结果5个相互关联的结构部分来阐释农户生计发展中个人或家庭与外部结构的互动过程。用可持续生计发展框架来分析贫困问题在于研究贫困人口的生计策略问题，生计策略是指为了实现生计目标或追求积极的生计产出，农户对自身所拥有的生计资产进行组合使用的方式，是农户脱贫致富所采取的具体生计活动的高度概括和综合体现。[2]基于可持续生计理念的贫困治理研究，识别出贫困人口生计发展困境的真正原因，指导扶贫工作更加关注于贫困人口的生计资源获取和生计策略选择，即提高贫困人口生计发展质量。要着重激发贫困人口的内生动力，提高贫困人口的能力发展。

---

1. Ashley C, Carney D. *Sustainable Livelihoods: Lessons from Early Experience* [M]. London: Department for International Development UK, 1999：125—139.

2. Gustafsson B, Li S. *Expenditures on education and health care and poverty in rural China* [J]. China Economic Review, 2004, 15(3)：292—301.

深度贫困治理的顶层设计

习近平总书记主持召开深度贫困地区脱贫攻坚座谈会并发表重要讲话后,中央就攻克深度贫困、坚决打赢脱贫攻坚战做出全面部署。中共中央办公厅、国务院办公厅印发了攻克深度贫困的纲领性文件《关于支持深度贫困地区脱贫攻坚的实施意见》,就支持深度贫困地区脱贫攻坚做出系统安排。各地方政府、各部委出台落实中央《关于支持深度贫困地区脱贫攻坚的实施意见》的落实方案,聚焦深度贫困治理。下面主要围绕习近平总书记关于深度贫困地区脱贫攻坚重要论述和《关于支持深度贫困地区脱贫攻坚的实施意见》阐述深度贫困的顶层设计。

一、中央统筹,重点支持"三区三州"

随着脱贫攻坚不断深入,集中连片特困地区、革命老区、民族地区、边疆地区深度贫困问题突出，西藏、四川藏区、南疆四地州和四川凉山州、云南怒江州、甘肃临夏州（"三区三州"），以及贫困发生率超过18%的贫困县和贫困发生率超过20%的贫困村，自然条件差、经济基础弱、贫困程度深，是脱贫攻坚中的硬骨头，补齐这些短板是脱贫攻坚决战决胜的关键之策。国家重点支持"三区三州"，各级各部门新增脱贫攻坚资金、新增脱贫攻坚项目、新增脱贫攻坚举措主要用于深度贫困地区。加大中央财政投入力度，加大金融扶贫支持力度，加大项目布局倾斜力度，加大易地扶贫搬迁实施力度，加大生态扶贫支持力度，加大干部人才支持力度，加大社会帮扶力度，集中力量攻关，构建起适应深度贫困地区脱贫攻坚需要的支撑保障体系。

二、落实部门责任，支持深度贫困地区脱贫攻坚

中央和国家机关有关部门落实行业主管责任，对"三区三州"和其他深度贫困地区、深度贫困问题，予以统筹支持解决。

建立健康扶贫保障机制，支持推进健康扶贫工程，解决因病致贫问题；把符合条件的建档立卡贫困残疾人全部纳入农村低保范围，把建档立卡贫困家庭重度残疾人全部

纳入医疗救助范围，着力解决因残致贫问题；推动深度贫困地区农村低保标准达到国家扶贫标准，加快实现农村低保制度与扶贫开发政策有效衔接，加强兜底保障工作；加快实施农村饮水安全巩固提升工程，加大对深度贫困地区支持力度，优先安排实施深度贫困地区建档立卡贫困人口饮水安全巩固提升工程，保障贫困户饮水安全；农村危房改造任务和资金安排向深度贫困地区倾斜，保障贫困户住房安全；加大教育扶贫力度，中央相关教育转移支付存量资金优先保障、增量资金更多用于深度贫困地区教育发展和建档立卡贫困家庭子女受教育需要；加大就业扶贫力度，支持深度贫困地区开发就业岗位，促进贫困家庭劳动力就地就近就业，提高东西部扶贫劳务协作组织化程度，对深度贫困地区符合条件的贫困家庭劳动力实施就业援助；加强基础设施建设，加快推进贫困地区建制村和撤并建制村通硬化路任务，实施深度贫困地区农网改造升级工程；加强土地支持政策，新增建设用地指标优先保障深度贫困地区发展用地需要，深度贫困地区开展城乡建设用地增减挂钩，可不受规模限制。

三、省负总责，解决区域内深度贫困问题

各省、自治区、直辖市党委和政府统筹整合资源，紧盯最困难的地方，瞄准最困难的群体，扭住最急需解

决的问题，集中力量解决本区域内深度贫困问题。

落实脱贫攻坚责任。省级党委和政府对本地区深度贫困地区脱贫攻坚负总责。结合本地实际情况，综合考虑贫困人口规模、贫困发生率、脱贫难度等因素，统筹评估自然条件、产业基础以及"三保障"等情况，明确本区域内深度贫困地区，制定专项计划，加大投入力度，制定出台系列配套实施政策。加强对深度贫困地区脱贫攻坚目标任务完成情况的检查。

做细做实建档立卡。加强贫困人口精准识别和精准退出，将符合扶贫标准的贫困人口和返贫人口全部纳入，将稳定脱贫和识别不准的及时退出，提高识别质量，打牢精准基础。加强驻村帮扶，把深度贫困地区作为驻村帮扶工作的重中之重，根据贫困村需要，调整充实第一书记和驻村工作队，优先选派政治素质好、工作作风实、综合能力强、具有履职身体条件的人员驻村。实施贫困村提升工程，推进贫困村内水、电、路、网等基础设施和教育、卫生、文化等公共服务体系建设，因地制宜推进农村社区综合服务设施建设，改善人居环境和生产生活条件，发展特色优势产业，培育壮大村集体经济，加强贫困村基层组织建设，创新农村社区治理机制。

怎样攻克深度贫困

第二章 深度贫困治理：政策创新与组织保障

我国脱贫攻坚是中央统筹、省（自治区、直辖市）负总责、市（地）县抓落实的工作机制。党的十九大以来，中央把提高脱贫质量放在首位，要求严格坚持现行脱贫标准，解决好"两不愁三保障"突出问题，强化中央统筹、省负总责、市县抓落实的管理体制，要求省（自治区、直辖市）把党中央大政方针转化为实施方案，促进工作落地，市县要从当地实际出发，推动脱贫攻坚各项政策措施落地生根。重庆市深度贫困地区脱贫攻坚任务艰巨、时间紧迫。打赢打好深度贫困脱贫攻坚战需要在各层面推进脱贫攻坚工作体制机制创新，促进各类资源进一步聚焦深度贫困地区，确保各项政策措施落地生根。

深度贫困的总体情况

重庆市地处我国内陆西南部，是长江上游地区的经济、金融、科技创新、航运和商贸物流中心，是西部大开发重要的战略支点、"一带一路"和长江经济带重要联结点以及内陆开放高地。同时，重庆市北部和东南部有大巴山、武陵山两座大山脉，地貌以山地为主，山地占76%，素有"山城"之称。优越的地理区位使得重庆城市发展水平高、商贸物流发达，同时以山区为主的地形地貌，也使得重庆农村贫困人口多、贫困程度深，脱贫任务艰巨。

一、深度贫困的基本状况

（一）深度贫困面广、规模大

重庆地区位于四川盆地东部，低山丘陵地貌特点突出，新构造运动较弱，但地震灾害仍然频发，气候灾害频繁。重庆市虽然具有独特的地理区位优势，但在地理环境、自然条件、社会历史等因素制约下，重庆市农村深度贫困现象仍然比较突出。重庆深度贫困主要呈现在以下几个方面：

一是深度贫困人口大多居住深山地区，贫困人口众多，脱贫难度大，扶贫成本高。二是从行政分布上来看，重庆市共有 40 个区县，深度贫困乡镇 18 个。18 个深度贫困乡镇共辖 173 个行政村，其中深度贫困村 91 个，贫困村占行政村的比例为 52.6%。18 个深度贫困乡镇总人口 31.3 万，建档立卡 14638 户 56031 人。三是从贫困人口上来看，2014 年深度贫困乡镇贫困发生率高于 10%。2015 年，重庆市 18 个深度贫困乡镇贫困发生率高达 18.24%。[1] 四是从产业分布上来看，产业带动能力差，70% 以上农民仍以传统"三大坨"（洋芋、苞谷、红薯）为主，组织化程度低，与结构调整、规模种养、品牌效应还有很大差距，产业带动作用尚不明显。

（二）深度贫困地区基础设施薄弱，经济社会发展滞后

重庆市的深度贫困乡镇大多坐落在海拔千余米的高

---

1. 李松.重庆 18 个深度贫困乡镇"十八般武艺"促脱贫.[2020-05-09].http://www.xinhuanet.com/politics/2020-05/09/c_1125960933.htm.

石柱县中益乡崇山峻岭

山上，属于两山夹一槽或两山夹一沟等地形。这些地区土壤贫瘠、山高坡陡，自然地理条件复杂，自然屏障重重，基础设施薄弱。脱贫攻坚面对地形复杂、建设成本高、施工难度大等实施挑战；重庆深度贫困乡镇有效灌溉面积少，基本处于靠天吃饭的状态；贫困户住房条件差，生活在海拔千余米的高山上，住房多为土木结构，有的破旧不堪，甚至存在垮塌隐患；[1]医疗、教育保障措

---

1. 李松.重庆"瞄准"18个深度贫困乡镇进行攻坚.[2017-10-03].http://www.xinhuanet.com/local/2017-10/03/c_1121760342.htm.

施等得不到保障，医疗水平偏低，教育落后，人们文化水平偏低，人才严重缺乏；通信设施普及率低，传播手段落后，甚至一些深度贫困地区无法实现村村通邮，不能实现 4G 信号全覆盖；产业结构差，第一产业占比普遍较高，生产模式单一，过去主要种植玉米、土豆、洋芋等传统作物，除去种子、农药、化肥等成本，每亩收益不到 500 元，传统种植业难脱贫、难致富，抗风险能力弱，经济效益不高；生产条件差，重庆市深度贫困地区群山连绵，沟壑纵横，"巴掌田""鸡窝地"较为普遍，难以进行规模生产，阻碍贫困地区经济发展。

以重庆市丰都县三建乡为例，地形多为"三山夹两河"，海拔从 230 米急剧提升至 1200 米，自然条件极其恶劣，产业发展薄弱，产业规模小且散乱，曾先后培育

石柱县中益乡传统农业劳作

了花椒、板栗、山羊等种养殖产业,但规模小而散,主导作用不明显,群众积极性不高,影响区域经济发展,重庆市深度贫困地区要想实现基础设施和基本公共服务接近全国平均水平难度很大。[1] 脱贫攻坚本来就是一场硬仗,而深度贫困地区脱贫攻坚是这场硬仗中的硬仗,我们务必深刻认识深度贫困地区如期完成脱贫攻坚任务的艰巨性、重要性、紧迫性,采取更加集中的支持、更加有效的举措、更加有力的工作,扎实推进深度贫困地区脱贫攻坚。

二、深度贫困的原因及治理挑战

(一)深度贫困地区致贫原因复杂

重庆深度贫困乡镇致贫原因复杂、脱贫治理难度大,集中体现在以下几方面。

一是深度贫困乡镇地理位置偏远。重庆市深度贫困乡镇地理位置偏远,大多自然条件恶劣,自然灾害多发,脱贫攻坚的复杂性和难度加大。如巫溪县红池坝镇地处巫溪与开州、云阳三区县交界处,境内山高峡深、出行艰难,雨天塌方、晴天修路是常态,距离县城120公里、3小时车程,进出道路弯多路窄,通而不畅;城

---

1. 重庆市扶贫开发办公室.攻克深度贫困经典案例(内部材料).2020.

巫溪县红池坝镇崇山峻岭

口县沿河乡位于城口县西部，2002年由原沿河、中溪两乡合并成立，距县城40公里。全乡幅员面积111平方公里，地形地貌以高山山地为主，境内群山起伏，沟壑纵横，地形险要、高山峡谷耸立，地理条件较差，土地贫瘠、利用率低，是典型的"九山半水半分田"喀斯特山区。奉节县平安乡两面高山，中间平地，集雨面积较大，汛期容易发生洪涝灾害，2014年"8·31"特大洪灾，对全乡人民造成极大的财产损失。

二是深度贫困乡镇基础设施发展滞后。重庆深度贫困乡镇基础设施建设难度大，欠账较多。如丰都县三建乡全乡基本无骨干型水源保障，有效灌溉面积不足4000亩，基本处于靠天吃饭的状态，产业路、作业便道等配套设施短缺，严重制约产业发展。酉阳县车田乡启动脱贫攻坚前各项基础设施不完善，全乡仅集镇至湖北百福司镇是辖区唯一一条硬化道路。"隔山喊得应，见面走半天"是城口县沿河乡老百姓生活的真实写照，村民销售农产品、采购物资全靠自己担，严重放缓了群众脱贫致富的步伐，也限制了村民生活水平、文化素质的提升。村级便民服务中心设备老旧、功能缺失、布局不当。石柱县中益乡作为重庆市18个深度贫困乡镇之一，2014年时其基础设施建设非常差，15%的贫困村通村公路未硬化，32个村民小组未通公路，阻碍深度贫困地区经济发展。

三是深度贫困乡镇发展资源匮乏。重庆市深度贫困乡镇可耕地面积少，多数地处全国重要生态功能区，生态保护和经济发展的矛盾突出，产业发展带动脱贫能力弱。如城口县沿河乡地表高度参差不齐、纵横起伏，土

石柱县中益乡贫困户住房

壤贫瘠、地力不足，耕地面积仅占土地总面积的10.47%，坡度超过25度的耕地面积占比88%，且滑坡等地质灾害时有发生；丰都县三建乡土地资源贫瘠，全乡可耕地面积仅占总面积的25%，比较平整的土地面积只有3600亩，基本没有成片土地，保水性能差，产出效益低。农户以种植土豆、红薯、玉米等传统农业作物为主，粮经比例达到9∶1，是传统的农业发展模式。在实施脱贫攻坚前三建乡曾先后培育花椒、板栗、山羊等种养殖产业，但规模小而散，主导作用不明显，群众积极性不高。

四是贫困群众发展能力弱。重庆市深度贫困乡村地理位置偏远，交通基础设施薄弱，贫困群众与外部联系少，长期处于相对封闭的状态。贫困人口文化水平低，思想观念保守，自我发展能力弱。以石柱县中益乡坪坝村为例，村内中青年劳动力纷纷外出务工，老人和小孩成为村庄的主要群体，村庄发展人才短缺现象突出，贫困农户发展能力弱。

（二）深度贫困地区治理挑战

一是深度贫困治理脱贫成本高。重庆市的深度贫困乡镇大多位于深山区、石山区中，扶贫难度大、成本高。深度贫困地区投入持续增加，但山区基础设施建设等成本高昂，扶贫效率比较低。不少基层干部坦言，随着扶贫成本提高，即便部分贫困村实现了"整村脱贫"，

巫溪县红池坝镇耕地资源条件差

也仅能基本建立起让农民脱贫的基础性条件，脱贫基础不牢固，农民返贫率仍然高。[1]

二是深度贫困人口返贫概率比较大。重庆市深度贫困乡镇贫困群众脱贫后易受自然灾害、子女上学、因病就医等因素影响再次返贫，返贫率为5%。造成脱贫返

---

1. 李松.扶贫成本高了，脱贫难度大了.[2014-07-09].http://inews.ifeng.com/41079986/news.shtml.

巫溪县红池坝镇农户传统农业

贫有多方面的原因，如自然环境条件差，农业发展水平低，一部分脱贫人口处于贫困临界线边缘，贫困农户红白喜事大操办、攀比建房、盲目消费等。

三是深度贫困农户内生动力不足。重庆市深度贫困乡镇的贫困农户文化程度低，自主发展能力不强。扶贫开发改善了贫困群众生产生活条件，但是贫困农户思想观念落后，生产生活"硬件"的改善没有能有效转化为贫困农户脱贫成果。一些贫困农户缺乏奋斗精神，"干部干、群众看""靠着墙根晒太阳、等着别人送小康"等现象时有发生。贫困群众内生动力不足问题如不及时解决，不仅影响深度贫困治理进程，而且还会助长社会不良风气。

以乡镇为重点的深度贫困治理政策体系

为深入贯彻落实习近平总书记2017年6月23日在深度贫困地区脱贫攻坚座谈会上的重要讲话精神，重庆市出台了《中共重庆市委 重庆市人民政府关于深化脱贫攻坚的意见》以及《中共重庆市委办公厅 重庆市人民政府办公厅关于印发〈调整我市国家扶贫开发工作重点区县脱贫摘帽计划的方案〉〈深度贫困乡（镇）定点包干脱贫攻坚行动方案〉〈全市脱贫攻坚问题整改工作方案〉的通知》（渝委办〔2017〕91号）（简称"一文三案"），提出按照"三高一低三差三重"识别标准，确定一批深度贫困乡（镇），实行市领导一对一"订单包干"的方式，集中精力攻克深度贫困，到2020年实现所有深度贫困乡（镇）高质量脱贫，并充分发挥示范带动作用，解决区域性整体贫困问题，确保重庆市全面打赢脱贫攻坚战。重庆市各级各部门围绕"一文三案"制定工作方案和具体办法40余个,构建了"1+3+N"攻克深度贫困的政策体系。

重庆市深度贫困地区脱贫攻坚"一文三案"

《中共重庆市委 重庆市人民政府关于深化脱贫攻坚的意见》	《调整我市国家扶贫开发工作重点区县脱贫摘帽计划的方案》
	《深度贫困乡(镇)定点包干脱贫攻坚行动方案》
	《全市脱贫攻坚问题整改工作方案》

一、深度贫困乡镇识别与贫困对象动态管理

(一)深度贫困乡镇的精准识别

脱贫攻坚贵在精准,重在精准,成败之举在于精准。只有始终把牢精准要义,突出问题导向和效果导向,做细做实精准识别、精准规划、精准施策、精准退出等各环节工作,才能够精准地解决"扶持谁、谁来扶、怎么扶、如何退"的核心问题,才能够真正做到扶贫工作务实、脱贫过程扎实、脱贫结果真实,真正让广大群众认可、满意。重庆市参照国家确定深度贫困县的标准,并结合本地实际,制定了"三高、一低、三差、三重"的深度贫困乡镇识别标准,精准识别深度贫困乡镇。"三高",即贫困发生率高(2014年乡镇建档立卡贫困发生率高于10%)、贫困人口占比高(乡镇贫困人口占全县贫困人口总数的比例较高)、贫困村占比高(乡镇范围内贫困村占行政村总数

比例高于50%）;"一低"，即人均可支配收入低（2016年乡镇人均可支配收入水平低于14个国家重点县农村居民人均可支配收入10244元的标准）;"三差"，即基础设施差（乡镇范围内村道通畅、社道通达、入户便道以及安全饮水保障仍未完全解决）、生存环境差（处于高海拔偏远地区，困难群体安全稳固住房未完全解决）、主导产业带动能力差（乡镇贫困人口参与主导产业发展的比例不高）;"三重"，即低保五保残疾等贫困人口脱贫任务重（乡镇贫困人口中低保五保残疾人口等占比较高）、因病致贫人口脱贫任务重（乡镇贫困人口中因病致贫的占比较高）、贫困老人脱贫任务重（乡镇60岁以上贫困人口的占比较高）。

重庆市14个国家扶贫开发工作重点区县按照以上标准进行倒排普查、综合排序。同时，适当考虑区域平衡和发挥示范带动作用的要求，在14个国家扶贫开发工作重点区县中，巫溪县、城口县、彭水县、酉阳县等4个贫困程度较深的县分别确定2个综合排序最后的乡（镇）作为深度贫困乡镇。万州区、黔江区、武隆区、开州区、丰都县、秀山县、石柱县、奉节县、云阳县、巫山县等10个区县分别确定1个综合排序最后的乡（镇）作为深度贫困乡镇。按照此标准和方法，重庆市最终确定了18个深度贫困乡镇，即石柱县中益乡、奉节县平安乡、丰都县三建乡、云阳县泥溪镇、巫溪县中岗乡（现为红池坝镇）、城口县鸡鸣乡、巫山县双龙镇、开州区大进镇、城口县沿河乡、彭水县三义乡、武隆区后坪乡、彭水县大垭乡、巫溪县天元乡、万州区龙驹镇、酉阳县浪坪乡、酉阳县车田乡、秀山县隘口镇、黔江区金溪镇。

重庆市18个深度贫困乡镇贫困基本状况

序号	乡镇名称	行政村（个）	2014年建档立卡贫困村（个）	总人口（人）	平均海拔（米）	2014年以来建档立卡贫困对象户数(户)	2014年以来建档立卡贫困对象人数(人)
1	石柱县中益乡	7	4	8168	1200	517	1752
2	奉节县平安乡	12	6	20859	1079	676	2700
3	丰都县三建乡	8	6	13930	637	780	3224
4	云阳县泥溪镇	10	5	16935	750	481	1873
5	巫溪县中岗乡	13	9	19157	1360	1050	3984
6	城口县鸡鸣乡	6	3	5556	1350	332	1292
7	巫山县双龙镇	20	10	34041	750	1695	6156
8	开州区大进镇	19	7	46377	1000	1727	6549
9	城口县沿河乡	6	3	7958	1050	435	1768

续表

序号	乡镇名称	行政村(个)	2014年建档立卡贫困村(个)	总人口(人)	平均海拔(米)	2014年以来建档立卡贫困对象户数(户)	2014年以来建档立卡贫困对象人数(人)
10	彭水县三义乡	6	3	6957	1050	605	2277
11	武隆区后坪乡	6	4	7640	1100	408	1630
12	彭水县大垭乡	4	2	5802	914	531	2207
13	巫溪县天元乡	9	6	8302	1560	793	2931
14	万州区龙驹镇	21	7	51956	860	2255	7618
15	酉阳县浪坪乡	3	2	10980	750	516	2281
16	酉阳县车田乡	4	3	8414	750	540	2472
17	秀山县隘口镇	11	5	24607	820	710	3160
18	黔江区金溪镇	8	6	14880	800	587	2157
合计		173	91	312519	988	14638	56031

注：重庆市18个深度贫困乡镇是按照一定标准，适当考虑区域平衡和发挥示范带动作用的因素，通过一定方法确定的。

(二）贫困对象动态管理

1. 扶贫信息数据的动态调整

重庆市建档立卡贫困户的识别以实际共同居住的整户为单位进行识别，贫困农户家庭年人均纯收入低于当年国家扶贫标准，没有实现"两不愁三保障"，具体采用"四进七不进"的方法进行识别。重庆市建档立卡贫困户管理坚持脱贫即出、返贫即入原则，根据全国扶贫开发信息系统年底开放动态管理功能，实现一年一度的扶贫对象有进有出动态调整，对系统中的数据信息反复比对、分析、核实，对发现的问题数据及时调整、修改、完善，针对系统数据，做年度全面数据分析。各深度贫困区县每年要出具《扶贫数据分析报告》。围绕重点难点问题，各县区每年1月份对上年度数据编制《建档立卡扶贫统计（快报数）》，每年5月份对上年度数据编制《扶贫工作统计手册》。

重庆精准识别深度贫困对象"四进七不进"方法

"四进"（具备四项条件之一必须作为新增或返贫对象评定为贫困户）	家庭年人均纯收入低于国家当年扶贫标准的农户
	因缺资金有子女无法完成九年制义务教育的农户
	无房户或唯一住房是危房，且自己无经济能力修建或改造的农户
	因家庭成员患重大疾病或长期慢性病等，扣除各类政策救助后，自助医疗费用负担较重，家庭年人均收入处于国家扶贫标准以下的农户

续表

"七不进"（具备七项条件之一不能评为贫困户）	当年家庭年人均纯收入高于全市平均水平的农户
	2014年以来购房或修建新房，或高标准装修现有住房（不含因灾重建、易地扶贫搬迁和国家统征拆迁房屋）的农户
	家庭拥有或使用轿车、船舶、工程机械及大型农机具的农户
	家庭办有或投资企业，长期雇佣他人从事生产经营活动，并在正常经营正常纳税的农户
	家庭成员中有正式编制的财政供养人员（贫困大学生毕业参加工作一年内除外）、村四职干部（有重大致贫原因除外）的农户
	举家外出一年及一年以上，无法识别认定，且农户自愿放弃参加贫困户评定的农户
	农转城人员不再进入全国扶贫开发信息系统，对于符合整户转、原地住、没有享受城镇居民任何政策、三保障问题没有全面解决的对象，可以参照识别程序和方法，建立属地管理台账，只享受当地帮扶政策

2. 动态管理工作措施

重庆市扶贫对象的动态管理制度主要包括以下几个方面：一是建立扶贫服务工作机构，深度贫困乡镇建立扶贫服务工作站，村级建扶贫工作室，负责扶贫对象信息采集、比对、录入，负责扶贫工作台账。二是建立扶贫信息员队伍，凡是有扶贫工作任务的区县，县区扶贫办须配备2—3个扶贫信息员，乡镇配备2名扶贫信息员，村级匹配1名扶贫信息员。村级信息员具有高中以上学历，热爱扶贫事业，具备基本的政治素养，能够熟练掌握电脑操作技能，并且保持相对稳定。三是落实工作经费，各县区要保障扶贫服务工作机构和扶贫信息员的工作经费。四是畅通举报投诉渠道，在各深度贫困乡镇、村居所在地公开举报投诉电话12317，建立监督投诉意见处理反馈平台，公开监督平台的二维码，公开接受社会监督。五是定期开展脱贫稳定性排查，结合年度动态管理，贫困区县每年对已脱贫对象开展一次脱贫稳定性排查。按照设定的分类标准，将稳定脱贫户、巩固脱贫户、临界脱贫户进行分类统计。六是建立逐级精准识别精准退出承诺机制。

为确保扶贫对象精准识别精准退出，进一步明确责任，区县党政主要领导向市扶贫开发领导小组签订扶贫对象精准识别精准退出承诺书，各乡镇主要领导向区县扶贫开发领导小组签订扶贫对象精准识别精准退出承诺书，各村"两委"向乡镇扶贫开发领导小组签订扶贫对象精准识别精准退出承诺书。所有新识别、返贫、脱贫退出的对象须由乡镇主要领导签字确认，精准识别率、精准退出率与村"两委"绩效挂钩。

重庆市深度贫困人口"一出三不出"退出标准

"一出"（现有建档立卡贫困户中，具备以下条件的，做脱贫退出处理）	家庭人均纯收入超过当年国家扶贫标准，有稳定的收入来源，并真正实现义务教育、基本医疗、安全住房三保障，饮水安全和生活用电问题已经解决的贫困户

续表

"三不出"（现有建档立卡贫困户中，具备三项条件之一的，不能脱贫退出）	农户家庭人均纯收入没有稳定超过国家扶贫标准，没有稳定实现"两不愁三保障"的农户
	虽然享受了扶贫政策但生产生活无明显改善，成效不明显还须巩固的农户
	当年识别或返贫的贫困户不作脱贫退出处理

二、深度贫困治理的资源动员

（一）自上而下的人力资源动员

重庆市将 18 个深度贫困乡镇作为攻克深度贫困的重点。18 个深度贫困乡镇均成立脱贫攻坚指挥部，由挂点帮扶的市领导担任指挥长，市级扶贫集团牵头单位主要负责人和区县党委书记担任副指挥长。由 18 个市级扶贫集团定点联系 18 个深度贫困乡镇，选派 18 个由市级扶贫集团牵头的单位副厅级领导为队长的驻乡工作队伍，从市级责任部门选派 70 名驻乡工作队员和 88 名驻村第一书记，构建"市领导挂帅+市级责任单位主要负责人+区县党政主要负责人+深度贫困乡镇党政主要负责人"的指挥体系，形成市级总体责任、区县主体责任、乡村两级直接责任的责任体系，推动重庆市深度贫困乡镇脱贫攻坚。3000 余名帮扶干部对 13437 户贫困家庭进行精准结对帮扶，同时回引 180 名本土人才到深度贫困乡镇所辖村挂职、创业。另外，重庆市级机关事业单位、国有企业组建18个扶贫集团，选派450名领导干部驻乡驻村，直接帮扶深度贫困乡镇。广泛动员社会力量参与深度贫困乡镇脱贫攻坚，重庆市各企事业单位、社会团体累计深入18个深度贫困乡镇开展慈善捐赠、义诊、就业招聘、文化下乡、赶年节等活动800余场次，投入3000余人次；政府相关部门提供平台鼓励社会组织及其会员单位整合自身资金、物资、物流等优势资源，采取直接捐资、捐物的方式帮助贫困群众，非企业单位等社会组织通过"一对一""一对多"等方式与贫困村、贫困户开展结对帮扶。[1]

（二）整体性的财力资源动员

重庆市实施深度贫困乡镇脱贫攻坚，着力实施稳定脱贫提升行动、基础设施提升行动、产业扶贫提升行动、生态保护提升行动、人口素质提升行动、公共服务提升行动、村"两委"提升行动等7大攻坚行动。各级各部门加大对深度贫困乡镇政策、资金倾斜力度，全力推进深度贫困乡镇脱贫攻坚工作。投入各类财政资金、帮扶资金、金融资金、社会资金近100亿元，集中用于

---

1. 关于进一步动员社会组织参与脱贫攻坚工作的通知（渝社组办〔2019〕1号）

重庆市18个深度贫困乡镇，推进经济社会发展。下达深度贫困乡镇"四好农村路"建设补助资金5.5亿元，支持每个深度贫困乡镇300万元前期工作经费，优先开展交通项目设计审批，指导区县对设计深度贫困乡镇的普通国省干线公路建设项目纳入行动计划，优先给予资金支持。重庆市财政每年对每个深度贫困乡镇新增安排2000万元财政专项资金，每年对14个国家扶贫开发工作重点区县的深度贫困乡镇分别新增安排1000万元财政专项资金。[1]

三、深度贫困的脱贫治理行动

在精准摸清深度贫困实情后，重庆市制定了18个深度贫困乡镇专项脱贫攻坚规划，规划项目2151个，规划总投资86.86亿元。明确在深度贫困乡镇实施稳定脱贫、基础设施、产业扶贫、生态保护、人口素质、公共服务、村"两委"等7大提升行动，加大对深度贫困乡镇政策、资金倾斜力度，全力推进深度贫困乡镇脱贫攻坚。

（一）实施稳定脱贫提升行动

重庆市深度贫困治理聚焦深度贫困乡镇的贫困人

---

1. 重庆市扶贫开发办公室.攻克深度贫困经典案例(内部材料).2020.

重庆深度贫困扶贫集团对口帮扶的农家乐

口,进一步精准落实帮扶措施,水利、交通等基础设施建设向贫困户倾斜,危房改造、易地搬迁、生态保护等项目优先安排贫困人口,产业带动、资产收益、股权改革等模式提高贫困人口参与度和受益水平。启动实施"互联网+"扶贫行动,开展深度贫困乡(镇)贫困动态监测,实行动态跟踪帮扶,确保稳定实现"一达标、两不愁、三保障"。以重庆市深度贫困乡镇彭水县三义乡为例,驻乡工作队和乡党委、政府认真落实市委、市政府、县委、县政府部署要求,始终将解决"两不愁三保障"突出问题作为基础性战役、底线性任务和标志性指标,只争朝夕、攻坚克难,贫困发生率从 2017 年的 30% 下降

石柱县中益乡干部开展低保核查工作

为零，脱贫攻坚取得圆满成功。

（二）实施基础设施提升行动

重庆市加大深度贫困乡（镇）基础设施建设投入，推进贫困村巩固提升工程，大力实施"路、水、电、讯、房"基础设施建设。加快推进深度贫困乡（镇）构建外联内通的交通网络体系，实现至少有一条通畅便捷的快速通道，并形成交通环线，行政村通畅率100%，社（组）通达率100%，户户通人行便道，有条件的行政村通客车。加快建设和改造一批集中供水工程，实现户户有安全饮用水，生产用水有保障。引导鼓励电力、电信等企

开州区大进镇贫困村交通设施改善

石柱县中益乡华溪村先锋组民居群改造后

业加大对深度贫困乡（镇）的支持力度，加强人居环境整治，优先安排深度贫困乡（镇）农村危旧房改造计划，普遍建立村庄保洁制度，实现村容村貌文明整洁。

（三）实施产业扶贫提升行动

重庆市立足资源禀赋、生态条件和市场需求，大力发展特色优势农业。围绕"旅游+""生态+"等，推进二三产业向乡村深度融合，探索建立产业扶贫"五个一"模式，即选准一个好产业、打造一个好龙头、培育一个好市场、创新一个好机制、形成一个好链条。大力扶持培育新型经营主体，每个深度贫困乡镇至少要有1家规模以上龙头企业，每个行政村至少要有2—3个农民合作

石柱县中益乡华溪村莼菜系列产品

社、2—3家种养大户和家庭农场。在深度贫困乡镇积极推行农村"资源变资产、资金变股金、农民变股东"改革，推动龙头企业、农民合作社等与贫困人口建立稳定的利益联结机制，推广经营权股份合作、土地流转、联户经营、代养代管、订单生产等产业带动模式。组织和动员群众抱团发展，实现主导产业对有劳动能力和意愿的贫困农户全覆盖。建立完善电商网上销售平台，改善发展环境，实现电商平台服务对深度贫困乡（镇）行政村全覆盖。

巫溪县红池坝镇茶山村农旅融合项目

（四）实施生态保护提升行动

重庆市进一步加大深度贫困乡镇生态保护修复力度，退耕还林、天然林保护、石漠化治理等生态工程向深度贫困乡镇倾斜，生态转移支付优先用于深度贫困乡镇；加快推进易地扶贫搬迁，实现符合条件、有意愿搬迁的贫困群众"应搬尽搬"，对深度贫困户实行兜底搬迁；积极开发深度贫困乡镇生态公益岗位，优先安排贫困人口；充分发挥深度贫困乡镇生态优势，积极支持发展生态农业、生态旅游等生态经济，将生态优势转化为经济优势，让绿水青山变为金山银山。

（五）实施人口素质提升行动

重庆市加强对贫困群众的教育引导，在消除贫困意识的同时注重培育贫困群众发展生产和务工经商的基本技能，提高深度贫困乡镇和贫困群众自我发展能力。在深度贫困乡镇推进以村风民俗、自立自强为重点内容的农村公序良俗建设工程，宣扬孝亲敬老的传统美德，引导人们自觉承担家庭责任、树立良好家风，促进家庭老少和顺、邻里和谐。积极探索建立生产奖补、劳务补助、以工代赈等机制，不大包大揽、不包办代替，教育和引导广大群众用自己的辛勤劳动实现脱贫致富。以深度贫困乡镇巫溪县天元乡为例，该乡不断深化"1115"基层社会治理，持续开展"四晒"活动，大力推进乡风文明

石柱县中益乡华溪村四点半课堂教室

建设，群众获得感、幸福感不断增强，满意度、认可度显著提升。开展"四晒"进高校、进村社、进农家、进田间宣讲300余场次，答疑释惑200余条，晒出了党恩，晒出了奉献，晒出了干劲，晒出了民心。成立"美丽乡村共建会"，每月开展乡风文明建设积分兑换活动，评选出星级文明户350户、脱贫示范户80户、优秀致富带头人39人，进一步提振贫困群众脱贫信心，提高群众生产积极性。

（六）实施公共服务提升行动

重庆市全面改善深度贫困乡镇卫生院条件，加强远

石柱县中益乡小学生享用营养午餐

程医疗能力建设，推行贫困人口"先诊疗后付费"结算机制，实现基本医保、疾病应急救助、医疗救助等"一站式"即时结算，有条件的建成具有辐射周边乡镇功能的中心卫生院，方便群众就近就医。建立适应农村老龄化的养老模式，健全"三留守"人员和残疾人关爱服务体系；深入实施教育扶贫工程，加快完善深度贫困乡镇的学前教育公共服务体系和寄宿制学校建设。全面落实贫困家庭子女从学前教育到高等教育等各学段资助政策，确保资助全覆盖；全面加强深度贫困乡（镇）公共文化服务，建设综合性公共文化服务中心，增加公共文化产品提供和服务供给。加强乡村医疗、教育、文化队

石柱县中益乡华溪村村民公约

伍建设和能力建设，全面提高深度贫困乡镇群众享受公共服务的硬件和软件水平。

（七）实施村"两委"提升行动

重庆市积极加强深度贫困乡镇农村基层组织建设，下决心解决软弱涣散基层班子的问题。抓好以村党组织为核心的村级组织配套建设，选好配强村"两委"班子，不断提高乡村干部脱贫攻坚能力和水平，发挥好村党组织在脱贫攻坚中的战斗堡垒作用。突出抓好村党组织带头人队伍建设,深入实施本土人才回引计划,大力培养党员创业致富带头人,组织有帮带能力的党员结对帮扶贫困户,增强农村党组织带领贫困群众脱贫致富的能力。

深度贫困乡镇脱贫的指挥调度体系

重庆市深度贫困地区脱贫攻坚深入贯彻了党中央的各种倡议，组建深度贫困乡镇脱贫攻坚工作指挥部，设立18个深度贫困乡镇脱贫攻坚指挥部，由重庆市市、区县、乡镇三级领导干部共同组成，构建了"市领导＋市级责任单位主要负责人＋区县党政主要负责人＋深度贫困乡镇党政主要负责人"的指挥体系和"驻乡工作队＋驻村工作队"的落实体系。

一、构建上下联动的指挥协调体系

重庆市将脱贫攻坚"三年行动"重点任务逐一分解到53个牵头部门和55个参与单位。层层签订脱贫目标和成果巩固责任书。实行最严格的督查考核，建立常态约谈机制，一级抓一级、层层抓落实。建立由1个领导小组+32名县领导任组长的包帮攻坚小组+84个县级包干帮扶单位+33个乡镇（街道）突击队+230个村"两委"、222支驻村工作队、854名驻村工作队员、4880名结对帮扶干部组成的一线战斗队，建立了一条线指挥、一竿子到底的指挥协调体系。

一是领导小组统一指挥牵头抓。重庆市贫困区县扶贫开发领导小组切实履行作为县委、县政府推进脱贫攻坚工作专门议事协调机构责任，着实强化县委、县政府统一领导，落实"两组长"责任制，负责全县脱贫攻坚的总体安排，统筹指挥全县扶贫力量发挥职能职责，加强协作联动，完善运行机制，推动形成脱贫攻坚合力。

二是贫困区县县级领导分区包片分头抓。结合县级领导联系乡镇（街道）工作职责，落实32名县级领导每人联系1—2个乡镇（街道），全面指导33个乡镇（街道）脱贫攻坚工作，牵头解决乡镇（街道）脱贫攻坚重大问题。

三是贫困区县县级单位组团帮联指导抓。充分结合部门单位行业属性与乡镇（街道）扶贫的短板弱项，84个部门单位按照3—4个组团帮扶一个乡镇（街道），由各帮扶单位主要领导担任帮扶单位责任人，在人、财、物、政策等方面对深度贫困乡镇（街道）扶贫予以支持，并与深度贫困乡镇（街道）扶贫成效"捆绑"考核。

四是深度贫困乡镇街道明确主体具体抓。压实乡镇（街道）党委、政府（办事处）责任，分别设立乡镇脱贫攻坚小组，由乡镇（街道）党（工）委负责人任攻坚组组长，明确对各辖区精准扶贫精准脱贫工作负总责。实行班子成员包村（社区）负责制，全面负责所包村（社区）的脱贫攻坚工作。

五是扶贫干部落实落细深入抓。压实230个村"两委"及222支驻村工作队、854名驻村工作队员、4880名结对帮扶干部扶贫责任，实现所有村驻村工作队、所有贫困户帮扶干部全覆盖。县领导既挂帅又出征，行业部门善破难题敢扫障碍，乡镇干部用心用情用力，村组干部会做群众工作，帮扶干部结穷亲办实事，推动形成攻坚拔寨合力。

二、建立"驻乡工作队+驻村工作队"落实体系

（一）创新成立驻乡工作队

重庆市出台《驻乡驻村干部管理办法》，设立18个深度贫困乡镇脱贫攻坚指挥部，指挥部下设18个驻乡工作队，由市级18个部门的副厅级领导干部任驻乡工作队队长，从市级责任部门和帮扶单位选派70名驻乡工作队员和88名驻村第一书记，与346名区县、乡镇干部共同组成。明确驻乡驻村工作队员职能职责，加强日常管理，严格实行工作考核，落实工作生活保障，建立召回

制度，切实提高驻村驻乡帮扶工作质量。深度贫困乡镇驻乡工作队由市级责任部门选派3名以上干部（1名副厅级干部、1名处级干部、至少1名工作人员，可从扶贫集团成员单位中选派）、区县责任部门选派3名干部、深度贫困乡镇党委和政府班子成员、深度贫困乡镇所辖行政村党支部书记、驻村第一书记、村委会主任、驻村工作队员共同组成。市级责任部门处级干部任联络员，主要负责上下联络，做好信息收集归类和分析上报，监测反映工程进度、挂图作战完成情况，贫困退出有关数据指标提供等工作。重庆市定点包干扶贫的市领导和市级责任单位负责人每年到深度贫困乡镇指导工作2次以上，市、区县相关责任单位选派的驻乡工作队队长和队员到深度贫困乡（镇）常驻开展工作，时间不少于1年，1年期满后视情况调换。

（二）完善驻村工作队

重庆市深度贫困治理驻村工作队成员一般不少于2人，并且驻村时间不能少于2年，驻村工作队队长原则上由驻村第一书记兼任，但是为了优化结构、配强干部，优先安排优秀年轻干部和后备干部参加驻村帮扶。县级以上各级机关、国有企业、事业单位选派政治素质好、工作作风实、综合能力强、健康具备履职条件的人员参加驻村帮扶工作。各县级党委和政府承担驻村工作队日常管理职责，建立驻村工作领导小组，负责统筹协调、督查考核。各深度贫困乡镇的党委和政府指导驻村工作队开展精准识别、精准退出工作，支持驻村工作队落实精准帮扶政策措施，帮助驻村工作队解决实际困难。深度贫困村驻村工作领导小组每季度至少组织召开1次驻村工作队队长会议，了解工作进展，交流工作经验，协调解决问题，建立相应的考勤管理制度，明确驻村干部请销假报批程序，及时掌握和统计驻村干部在岗情况。

深度贫困乡镇脱贫的监督考核体系

构建严密的监督考核体系，是重庆市成功攻克深度贫困的重要举措之一。监督考核体系有效运转，确保了各项深度贫困治理政策落到实处。

一、建立全方位督查巡查制度

重庆市制定了《脱贫攻坚督查巡查工作办法》，对深度贫困乡镇脱贫攻坚和未脱贫的9个深度贫困区县开展全覆盖专项巡视。同时，整合重庆市市委督查室、市政府督查室和市扶贫开发领导小组力量，开展常态化明察暗访，对督查发现的问题实行"点对点"通报、"一对一"约谈、"面对面"指导，对问题较多、整改不力的深度贫困区县，落实专人蹲点指导、现场督办。重庆市政府围绕深度贫困治理构建完善了"组织领导、业务技术、监督问责"三大攻坚责任体系，对标落实"双组长"制和县委常委直接分管行业扶贫、县领导定点包干帮扶乡镇机制，完善三级干部责任清单，逐级签订脱贫成果巩固责任书，层层压实责任。

另外，重庆市对标国务院扶贫办新冠肺炎疫情分析应对机制，实行日报告制度，及时全面掌握全市贫困劳动力外出务工情况，派出12个督查组对区县开展实地调研督查，强力推进脱贫攻坚工作有序展开，引导区县抓住重大工程项目和企业复工复产的时机，优先安排贫困劳动力务工就业，创造条件，督促扶贫项目、扶贫车间复工开工，为贫困群众创造更多就近就地务工就业岗位。根据《财政部 农业部 国务院扶贫办关于做好财政支农资金支持资产收益扶贫工作的通知》的要求，重庆市扶贫、财政等部门还切实加强资金监管，开展经常性监督检查，落实公开公示制度，确保群众的监督权、知情权，自觉接受社会监督，各级财政、扶贫等部门负责资金监管，落实公开公示制度，及时发现问题，抓好整改落实。[1]

---

1. 财政部 农业部 国务院扶贫办关于做好财政支农资金支持资产收益扶贫工作的通知（财农〔2017〕52号）

石柱县中益乡低保户核查

二、建立健全扶贫成效考核制度

重庆市出台《重庆市区县党委和政府扶贫开发工作成效考核办法》，较真从严开展考核评估，对考核结果靠后的，由市委领导约谈区县党政主要领导。出台扶贫项目资金民主决策、公示公告、村级义务监督员等10项监管制度和加强脱贫攻坚监督执纪问责的意见，逐县签订扶贫领域党风廉政责任书，定期召开扶贫资金监管联席会议，形成了内部监督、审计监督、纪检（监察）监督、群众监督等多位一体的监督体系。积极加强工作评估，各区县认真开展自查评估工作，对深度贫困乡镇脱贫攻坚存在的问题及时梳理，确保整改落实到位，确保深度贫困乡镇脱贫攻坚工作在2020年内圆满收官。2020年第四季度，重庆市扶贫办对三年来深度贫困乡镇规划项目实施情况以及脱贫攻坚成效进行全面系统评估。

深度贫困乡镇脱贫攻坚工作实行"季报告"制度。每季度第一个月5日前，各指挥部将上个季度的工作进展、典型做法、存在问题、贫困监测数据等报市扶贫开发领导小组办公室，梳理汇总后报市扶贫开发领导小组审定。市扶贫开发领导小组办公室每季度第一个月15日前印发工作通报，通报主要报送蹲点扶贫的市领导和脱贫攻坚指挥部。各指挥部联络员负责信息报送工作，市扶贫办会同市委督查室、市政府督查室以及市级有关部门组成督查组，每半年对深度贫困乡（镇）脱贫攻坚工作开展一次督查。每年年底至次年年初，由市扶贫开发领导小组牵头对深度贫困乡镇脱贫攻坚成效进行考核。主要考核贫困退出、贫困发生率、人均可支配收入、村级集体经济、基础设施建设、社会公共服务、贫困人口识别及退出精准度、帮扶工作满意度等情况。考核指标及具体办法由市扶贫办会同有关单位制定，脱贫攻坚指挥部相关人员的考核办法由各指挥部自行制定，强化考核结果运用，对深度贫困乡（镇）脱贫攻坚工作成绩突出或有突出贡献的干部，在评先选优中单列指标，按照有关规定给予表扬或提拔任用；对不作为、乱作为、慢作为、假作为、未完成目标任务，或有其他严重影响工作成效过失行为的，按相关规定严肃追责。

三、构建贯穿全程的监督管理制度

一是压实工作责任。重庆市各相关区县、驻乡（镇）工作队和深度贫困乡镇加强工作分析研判，特别是疫情影响的评估，有针对性做好工作，确保深度贫困乡镇如期完成脱贫攻坚任务。各扶贫集团不断加强对联系乡镇的帮扶，协调解决各深度贫困乡镇项目规划、审批和建设中的问题和困难，真正将深度贫困乡镇脱贫攻坚责任扛在肩上。各深度贫困区县认真谋划年度工作，以深度贫困乡镇脱贫攻坚为契机，推动深度贫困地区区域性协同发展，各驻乡驻村工作队严格遵守《重庆市深度贫困乡（镇）驻乡驻村干部管理试行办法》，用心用情开展驻村驻乡帮扶工作，充分发挥驻乡驻村帮扶指导作用。

二是强化资金监管。重庆市加强深度贫困乡镇脱贫攻坚项目资金使用审查，强化财政专项扶贫资金绩效评价，切实提高扶贫资金使用效益和效率，压紧压实行业部门监管责任、区县政府主体责任，加强扶贫资金项目常态化监管。开展深度贫困乡镇专项审计，实行资金项目公示公告制度，严查扶贫资金违纪违法行为。

三是严肃工作纪律，加强对深度贫困乡镇脱贫攻坚全过程监督。积极推进参与式扶贫模式，尊重贫困群众主体地位，深入贫困乡（镇）各项工作推进情况，特别是资金管理情况和重大决策必须全程进行公示公告，确保群众和社会知情，做到阳光扶贫、公正扶贫。各贫困区县纪检监察、财政、审计、扶贫等部门开展事前、事中、事后全过程业务指导监督，确保资金安全运行，对深度贫困乡（镇）脱贫攻坚各类资金管理情况进行专项审计，对闲置、贪污、挤占、挪用、截留脱贫攻坚各类资金的单位和个人，依纪依规处罚。

四是实行"三级监管"制。重庆市成立县级项目督导组、乡级质量巡查组、村级义务监督组，对项目实行三级监管，重点督查安全责任不到位、施工管理不规范等问题，限期整改、挂账销号。通过实行三级机制，各深度贫困乡镇全乡重点项目稳步有序推进，贫困面貌焕然一新。

第三章·深度贫困治理：四个『聚焦』创新实践

重庆市委、市政府坚决贯彻落实中央深度贫困地区脱贫攻坚战的决策部署，以深度贫困乡镇为重点聚焦深度贫困精准发力，提出四个"聚焦"深度发力攻克深度贫困，即聚焦深度改善生产生活生态条件再发力，统筹推进脱贫攻坚和乡村振兴，着力补齐基础设施短板；聚焦深度调整产业结构再发力，大抓特抓山地农业、生态旅游和农村电商，推动农业"接二连三"，激发农村发展活力；聚焦深度推进农村集体产权制度改革再发力，提高生产组织化程度，完善利益联结机制，扩大贫困群众参与度和受益面；聚焦深度落实扶贫惠民政策再发力，把政策的"含金量"转化为群众的获得感，激发贫困群众内生动力。[1]

---

1. 李鹏,杨帆.聚焦深度贫困地区 更加坚定精准有效推进脱贫攻坚.重庆日报,2017-8-19(1).

聚焦深度改善基础设施

"要想富先修路"揭示了交通基础设施对于贫困地区脱贫与发展的关键性作用。加强基础设施建设是攻克深度贫困的应有之义。重庆市把聚焦改善基础设施作为攻克深度贫困的重要内容，出台了多项政策措施，推动深度贫困乡镇基础设施建设，为打好深度贫困乡镇基础设施脱贫攻坚战奠定了坚实基础。

一、着力解决深度贫困乡镇交通短板

重庆市聚焦深度贫困地区交通发展突出短板，着力加强深度贫困乡镇交通基础设施建设。

（一）压实责任，规划先行

与区县交通部门签订目标责任书，将18个深度贫困乡镇每一个项目、每一项指标，全面量化分解，逐一明确责任单位、牵头部门、完成期限，建立区县为主体、市公路局具体指导的责任体系。建立对口帮扶机制，由9名市交委负责人分片包干，组建18个对口联络帮扶小组，对重点乡镇、重点项目，重庆市委主要负责同志亲自指挥、亲自督战，分管负责同志全程参与、全程推进，有力确保了各项扶贫工作扎实推进。组织100多名技术骨干，深入深度贫困乡镇实地摸排、蹲点调研、摸清底数、掌握现状。印发实施了《全市18个深度贫困乡镇交通扶贫攻坚行动方案》，明确进出口通道、旅游路、产业路、通组路、村级联网路等项目清单。

（二）保障资金，推进项目

一是实施特殊支持政策。对深度贫困乡镇实施前期工作优先启动、工程设计优先审批、项目资金优先支持"三个优先"。二是落实专项补助资金。积极争取交通运输部支持，从"四好农村路"补助资金专门划拨一部分资金用于深度贫困乡镇。协调农发行承诺对18个深度贫困乡镇提供8.5亿元信用贷款。三是加强项目调度。每月召开项目调度会，及时掌握深度贫困乡镇项目进展情况，对存在的问题实行销号管理，落实专人跟踪协调解决，及时召开项目调度会，解决项目推进难题。四是加强督促考核。成立由市交委、市公路局班子成员组成的督导组 12 个，适时对深度贫困乡镇项目进度进行督导。将深度贫困乡镇交通项目纳入年度目标考核，建立每月排名通报等制度，对进度滞后的乡镇落实专人帮助指导，确保项目建设推进有力。

（三）强化服务，注重质量

一是加强技术服务。采取"送教上门"、现场辅导等方式，积极培训深度贫困乡镇参建人员，着力提高一线技术人员业务技能，增强工程质量技术支撑。坚持专业监管与群众监督相结合，派出技术骨干，定期实地督导；聘请义务监督员，全程跟踪监督，增强工程质量监督合力。二是强化工程建设。进一步加大安防工程建设，2018 年对每个深度贫困乡镇给予补助 300 万元，着力增强公路运行安全性。截至 2018 年，在深度贫困乡镇中，已建成乡镇客运站 8 个；172 个行政村中，已建成村级招呼站点 122 个。实行农村客运直接补贴、政府集中购买保险等扶持政策，激发经营者积极性。2018 年，深度贫困乡镇已有 153 个行政村通客运，通客运率达到 89%。

（四）创新道路管护机制

俗话说，一条公路"三分建、七分养"。村社道路连接山山水水，关系千家万户，与广大群众生产生活息息相关的村社道路的养护就成了建成道路之后的首要问

石柱县中益乡通乡公路扩建前（左）后（右）对比图

题。为此，重庆市深度贫困乡镇建立了"政府主导、分级负责、以区县为主、群管群养"的道路养护责任机制，完善道路的管理养护考核评价体系，确保已建成农村道路通畅。为保证道路养护责任得到贯彻落实，激发人们的责任心，各个深度贫困乡镇又进一步明确划分各级道路养护责任，推行"路长制"。

1. "路长制"推进道路管养和环境治理[1]

"路长制"的首要职能是保持道路的通畅和路面的整洁、维护道路和周边的设施，提升道路的管养水平和管养效率，创新管养模式。准备道路应急抢险预案，提高对于危机事件的处理能力。各级路长要对潜在的隐患进行排查，对于路面可能发生的地质灾害、废弃的设施等

---

1. 王勇.压实"路长制"工作责任 提升"路长制"管理水平.[2020-05-13].http://www.cqck.gov.cn/zwxx_270/qxdt/202005/t20200514_7385697.html.

石柱县中益乡坪坝村交通前（左）后（右）对比

安全隐患进行记录与排查，加强安全监管。各级路长要整治道路区域内的环境，要清理道路区域内的垃圾和违法占地的障碍物，排查并完善道路指示牌，清理道路上的违法广告牌。各级路长带头打造生态风貌，带头在乡村道两旁加快景观树栽植和绿化带建设，鼓励群众房前屋后种植花草，形成乡村特色生态景观。

2. 县乡镇（街道）村三级道路巡查机制

一是县级路长一对一听取下级责任单位关于道路管护的工作进展情况，每季度至少开展一次县内工作的指导工作；二是乡镇（街道）路长、村级路长把上路巡查路况常态化，并进行调度与现场检查考核。这样的"路长制"，被落实在了重庆的各个深度贫困地区，如城口县、丰都县等地。

交通先行改区位，穷乡僻壤变景区

自2017年被确定为市级深度贫困乡镇以来，巫溪县红池坝镇坚持交通先行，深度改善基础设施，激发群众内生动力，不断提升农村人居环境水平，持续建设美丽宜居乡村。

一是建设"一横一纵"干线公路，打通大通道。2017年8月，红池坝镇按照脱贫攻坚规划，建设64公里"一横一纵"公路干线。即：省道S502双庙垭口（开州界）至渔沙段（一横）、县道X002田坝镇至红池坝景区（一纵）道路，打通向西向南出口，分别连接开州和云阳。"一横一纵"干线公路建成后，红池坝镇将由原来"独道通行"变为3条通道进出，有效解决了"出境难"问题。同时还将有力助推巫溪、开州、云阳三区县区域联动发展，形成巫溪红池坝—开州雪宝山—云阳龙缸景区生态旅游环线。红池坝镇也将由离巫溪县城最远的乡镇，变为离主城最近的地方。

二是建设好"四好农场路"，畅通内循环。红池坝镇始终坚持"公路围绕产业建，打通断头路"的思路，大力建设一批产业路、旅游路，实现"修好一条公路、带动一批产业、致富一方群众"目标。实施深度贫困乡镇脱贫攻坚以来，红池坝镇累计建成四好农场路230公里，人行步道251公里，到组通畅率100%，实现"村与村互联互通，户与户脚不沾泥"。[1]

二、大力实施深度贫困乡镇水利建设

（一）扎实开展水利扶贫

因地制宜加强贫困地区供水工程建设和改造，强化水源地保护，配套完善水质净化消毒设施设备，落实工程管护人员和经费，着力提高农村集中供水率、自来水普及率、供水保证率和水质达标率。坚持水利项目安排与脱贫攻坚需求紧密结合，积极对接贫困地区种植、养殖、加工、乡村旅游、资产收益等产业扶贫项目。大力推进水源工程建设，坚持大中小结合、蓄引提并举，统筹推进贫困地区水资源开发利用。2018—2020年开工建设100多座水库，一半以上涉及贫困区县。切实巩固水安全体系建设，加快贫困地区防洪抗旱工程建设，实施中小河流治理，完善山洪灾害防治体系，加大水土保持和水生态保护力度。仅2018年贫困区县共实施水库除险加固49座，开展中小河流治理160公里，治理水土流失

---

1. 重庆市扶贫开发办公室.攻克深度贫困经典案例(内部材料).2020.

面积近300平方公里。

（二）深化支持深度贫困乡镇脱贫

一是加大水利资金支持力度。推动各级水利投资向深度贫困乡镇倾斜，努力做到攻坚期中每个深度贫困乡镇增加中央和市级水利投资不少于2000万元。2018年全市深度贫困乡镇落实到位水利资金5.6亿元。二是加快水利项目实施进度。坚持实事求是、合理有序、稳步推进的原则，明确水利扶贫项目，加大技术支持力度，加快审批和建设进度，强化建设管理和管护。仅2018年深度贫困乡镇实施水利项目近500个。三是落实水利脱贫攻坚责任。建立"市水利局负责人定点联系、处室和单位定点帮扶、区县水利部门抓落实"的深度贫困乡镇水利脱贫攻坚的责任机制。确保每个深度贫困乡镇有1名市水利局负责人定点联系，有2个处室或直属单位定点帮扶，深度贫困乡镇所在的区县水利部门作为该乡镇水利扶贫攻坚的责任主体，组织做好实施工作。

（三）推进企业化规范化的水利项目建设

1. 推进水利项目产权制度改革

为改变以往水利设施建设、管理主体不一带来的问题，重庆市深度贫困地区开展农村基础设施项目的产权制度改革，按照"谁投资、谁所有"的原则，依法明晰工程产权，核发产权证书，规范产权管理。让项目建设者在享受项目建成后带来收益的同时，保障周边居民的基础设施需要。政府与企业在深度贫困地区的水利项目中各自扮演不同的角色，互相协作不可分割。深度贫困地区的农村饮水工程供水按照"政府主导与市场化运行相结合"的原则，水利局负责当地的供水行政管理工作，当地所属的水务公司作为集中供水工程的建设业主和运营主体，在项目建成后继续提供服务。

2. 创新水利建设项目运营模式

为保证贫困地区水资源供应，各深度贫困乡镇针对不同规模的水利项目分类探索农村饮水工程可持续运营

石柱县中益乡莲花坪水厂

模式。一是对规模集中的大型供水工程实行企业化管理，农村集镇所在地和农村中型供水工程通过组建或引进供水企业统一运营管理；二是对小型集中供水工程实行专业化管理，采取"以大带小、以大并小、小小联合"的方式由供水企业运营管理，不具备企业化运营条件的小型集中供水工程，由产权所有者（村集体经济组织、农民用水合作组织等）组建专业化队伍负责运营管理，提高运营水平；三是鼓励以区县或乡镇为单元，探索政府购买服务，充分利用农村公益性岗位加强农村饮水工程管理，推进农村供水专业化管理和服务。对分散供水工程实行自用自管，落实用水户自主管理责任，政府和行业主管部门重点在供水设施建设方面给予支持，加强水质安全监测。

3. 明确政府与企业在水利设施管理中双方的责任

各深度贫困乡镇人民政府（街道办事处）对辖区内农村水利工程的生产安全、水质安全、供水安全承担全部责任。政府责任具体来说是四方面：一是深度贫困乡镇政府负责农村饮水政策、法律宣传和推广工作，引导农村供水管网通入辖区内的每一户百姓家中；二是当地政府要加强辖区内的水源保护，妥善处理饮用水保护区范围内的生活污水与垃圾、督促附近的养殖场搬迁关停、及时处理好水质安全事件；三是政府督促各供水单位严格按照章程进行制水消毒，保证水质；四是政府对

石柱县中益乡"水利包"项目推进会

自己所管的农村饮水工程的维护和补助资金进行使用管理，统筹做好供水设施维修维护，制定辖区供水应急预案，保障供水。

水务公司要强化供水工程的运营管理，对所属水厂的生产安全、水质安全、供水安全负全责。具体来说是三方面：一是水务公司督促所属水厂巡视饮用水水源区域、加强安全生产、严格按规范规章制水消毒，自觉接受区域内水利局和卫生部门的水质检测；二是水务公司组织所属水厂人员进行制水消毒、水质检测及安全生产等关键岗位技术培训；三是水务公司负责集镇集中供水工程运行维护补助资金使用管理，统筹做好供水工程及供水设施维修维护，制定辖区供水应急预案，保障供水。

石柱县中益乡盐井村农户用上自来水

搞好人饮全覆盖，做好重点民生实事

  为了解决群众的饮水难问题，这些年来彭水县大垭乡通过"人饮全覆盖"工程的建设使得供水工程覆盖率、入户率均达到100%，当地群众饮用水靠人背畜驮、人畜混饮的状况彻底得到改变，不仅如此，为了使饮用水质量进一步得到保障，大垭乡制定实施了一系列举措。

  一是制定饮水管护机制。针对大垭乡所有人饮工程，明确使用权，落实到户，使用农户自行确定管护方式，通过专人管理以及轮户管理模式，让受益户履行维护供水设施的义务，确保人饮工程长期运行。

二是制定饮水应急预案。为应对农村饮水安全突发事件，预防特大旱情、水源污染以及其他原因导致的供水安全突发事件，大垭乡采取水源管护、送水等措施进行预防。

三是定期检查水质。为保证水源水质安全达标，大垭乡相关负责人对全乡水源每年提取水源样品到检测机构进行水质监测。

实施脱贫攻坚以来，大垭乡共修建完成94处人饮项目，16处产业水源项目，改善了全乡1300多户5000多人的饮水不稳定问题，实现了农户饮水安全保障率100%。农户家中，只要水龙头轻轻一扭，清澈的自来水汩汩流出。自来水进农家院，不仅为群众的生活提供了方便，还促进了产业发展。以前各村想发展主导产业，可水源问题把人难住了，现在经过产业水源工程的修建，各村争相发展主导产业，全乡已成功发展中蜂4200群、圈养土鸡40000只、密林野猪养殖200头；经果林5100亩，中药材1220亩，蔬菜2500亩，水产养殖170亩。[1]

---

1. 重庆市扶贫开发办公室.攻克深度贫困经典案例(内部材料).2020.

三、加快推进深度贫困乡镇电网改造

一是加快实施贫困乡镇电网改造升级，完善乡镇电网规划布局。编制18个深度贫困乡镇电力提升方案，国家电网重庆市电力公司完成了重庆市18个深度贫困乡（镇）电网改造升级，实现电网改造全覆盖。采用国家电网典型设计，按照标准化示范台区进行规划建设，确保贫困村户均低于2千伏安，保障贫困户生产生活用电。结合深度贫困乡镇自身特点和发展规划，因地制宜开展深度贫困乡镇电网建设。如2018年总投资19401万元，新增10千伏配变279台，配变容量37.79兆伏安，新建及改造10千伏线路长度421.957公里，0.4千伏线路长度650.543公里。

二是实施贫困户电费减免政策。对深度贫困乡镇贫困户实行"10度电减免"政策。通过营业厅摆放宣传资料、依托平面及网络媒体公告、在场镇开展宣传活动等方式立体开展政策宣传。动态收集贫困户信息，实行上门服务，确保业务办理准确、方便、快捷。

三是在深度贫困乡镇成立"电力扶贫工作站"。在国网辖区内的深度贫困乡镇，成立了电力扶贫工作站，通过与当地贫困户一对一结对帮扶，有针对性地解决脱贫攻坚中用电等相关问题。

四是加快发展网络基础设施和服务。实施网络强基工程，破解贫困地区信息基础设施覆盖瓶颈。夯实强化信息网络基础和网络扶贫平台。构建"互联网+"信息服务模式，按照"融合创新、三端互动、链式发展、全域运用"的思路，系统推进"互联网+特色效益农业、旅游业、金融业、智慧县域、基础建设"5种模式，搭建县域"互联网+"治理平台，链接"互联网+"大众群体，畅通"互联网+"金融服务，构建"互联网+"治理体系，提升"互联网+"治理能力，统筹解决好贫困群众产业发展、融资需求、民生服务、手续审批等现实问题，建设信息高速公路，有效提升信息服务水平，带动贫困群众触网发展。

大垭乡实现"一户一表"

实施电网大改造，强化生产生活保障

2004年彭水县大垭乡实施"户户通"工程，让贫困群众通上了电，但是通上电并不等于用好电，那时村民集资购买了一台电磨玉米机，但是由于电压不稳、电力不足，只有等到夜深人静全村人都熄灯的时候才能用，村民们再轮流排队打磨玉米面，常常一周才能排到一次。加之总表计费，电费成本高，电费分摊多，每度电接近2元钱，全村人只能用15瓦的电灯，每月都要好几十元电费。并且用电安全隐患比较大，多次发生用电安全事故。

随着人们生活质量的提高，家用电器数量增多，用电负荷快速增长，原一台30千伏的变压器已不能满足日益增长的用电需求。2014年9月彭水县供电公司对大垭乡实施农网改造，对原变压器进行增容改造，增容安装了一台50千伏安的变压器。并将矮小破旧的电杆，更换为10米高的水泥杆，0.2千伏线路改造为0.4千伏线路，电线也换为35平方毫米钢芯铝导线，同时实行"一户一表"改造。改造后的村民有了自己的电表户头，再不用分担总表电费了，电费实现了大幅下降。

大垭乡被评为深度贫困乡之后，大力实施产业扶贫，让大垭乡外出青年看到了家乡致富的机遇，他们纷纷回家创业，开办起了养殖场、蔬菜基地、果园等，带动了畜牧业、农副产品等产业发展。面对扶贫产业用电负荷的快速增长，2018年彭水县供电公司投入811万元专项资金，对大垭乡实施农网改造升级，共新增变压器15台，总容量1600千伏安。新立电杆739根，新架10千伏线路全长10.15千米，0.4千伏线路全长31.29千米，将原来的二线制线路全部改为四线制供电，裸导线全部换为绝缘导线，进一步提高了供电可靠性，为大垭乡脱贫致富提供了坚强的电力保障。如大垭乡村民秦仕强2018年开始发展养殖产业，初期用电是从500米之外的家里拉过来，线路远，照明困难，没有动力电，饲料加工只能依靠柴油发电机。2019年6月，供电公司在养殖基地附近安装了5根电杆和线路，新增了1台50千伏安变压器，将动力电拉到了养殖基地门口，结束了柴油机发电加工饲料的历史。在国网重庆彭水县供电公司的帮助下，用电难题终于得到解决，每年节省近5000元成本。[1]

四、全面推进深度贫困乡镇住房建设

一是瞄准贫中之贫、坚中之坚，始终做到发力精准。紧盯建档立卡贫困户住房安全有保障目标，严格按照"帮助住房安全最危险、经济最贫困农户解决最基本的安全住房"要求，始终将建档立卡贫困户危房作为必保对象、贫困区县作为重点，确保扶到重点人、帮到关键处。2016—2020年，累计下达18个贫困区县补助资金22.72亿元，占全市总量（30.91亿元）的73.5%。

二是健全各负其责、齐抓共管的工作体系，始终做到合力攻坚。在"党政线"，各区县主要领导担起第一责任，分管领导担起直接责任，成立相应议事协调机构，一级抓一级，层层抓落实。在"业务线"，住建、发改、财政、扶贫、民政等部门各司其职，协同发力。在"操作线"，采取"领导包片、处室包区县、干部包点"对贫困区县全覆盖帮扶，区县住房城乡建委工作组蹲点包户指导，乡镇、村社逐户逐房建立"一户一档"，有关社会力量踊跃参与，形成了"共同体"，演绎了"大合唱"，构建了大家扶、全力扶工作格局。

---

1. 重庆市扶贫开发办公室.攻克深度贫困经典案例（内部材料).2020.

三是坚持因地制宜、精准施策，始终做到服务为民。充分考虑改造对象的多样性和贫困度，将农村危房分为C、D级，并制定市级分类补助标准，最大限度减轻贫困户负担。安排专项资金1000万元，免费培训1万名农村建筑工匠，培育带不走的农村建设大军，着力提升农房建设质量安全水平。组织编印3套危房改造标准图集，免费发放给农村群众参考使用，确保农村危房改造结构安全、功能完善。同时，健全农村危房改造审批公示制度，创新建立农村危房改造对象函告制度、档案电话抽查制度，实行"阳光"操作，着力提升农村群众满意度。

四是推动扶贫项目成果向贫困群众转化。紧扣脱贫攻坚与乡村振兴的有效衔接要求，践行"绿水青山就是金山银山"理念，以旧房整治提升、美丽宜居村庄、传统村落保护发展等示范项目建设为抓手，依托基层党组织，开展"决策共谋、发展共建、建设共管、效果共评、成果共享"活动，盘活乡村闲置农房等优势资源，推介宣传传统村落、历史文化名村、特色景观旅游名村，让其发展为旅游观光、休闲度假、文化活动、农产品加工销售、工艺品制造销售等场所，支持当地贫困群众开办农家乐、民宿等，促进贫困地区一二三产业融合发展。

石柱县中益乡华溪村住房改造后的效果

人居环境大整治，夯实乡村发展根基

为确保群众的住房安全，改善群众的居住环境，彭水县大垭乡实施易地扶贫搬迁、CD级危房改造、人居环境整治工作。易地扶贫搬迁方面，"十三五"以来，实施易地扶贫搬迁113户495人。塘口集中安置点项目搬迁入住34户139人（贫困户13户57人，非贫困户21户82人）；CD级危房改造方面，2014年以来改造C级危房97户，改造D级危房85户；人居环境方面，对全乡1072户实施人居环境改造。通过一系列措施实现了住房安全率

100%。

"我这已经是 100 多年的房子了，连屋檩都有腐蚀了的，圈舍也是脏乱差的局面，但现在经过人居环境改造后，我的房屋被刷得亮堂堂的，屋檩损坏的也已经更换了，圈舍也进行了改造，修建了化粪池及污水管网，异味也没有了，现在我晒粮食都不用像以前那样背出去百多米远了，这都是党委政府实施的人居环境改造项目带来的效果呀！"大垭村 1 组村民李永发这样感叹道。大垭乡人居环境整治工作，首先在大垭村 1 组唐家坝展开，并建成唐家坝市级人居环境示范点。在建设的过程中，以先排危后改貌为原则，兼顾点面，注重与乡村振兴衔接，通过房屋改造和环境整治，保留了苗家元素，统一了墙外颜色格调。并以"整、修、改、净、绿"原则，将以前脏乱差的厨房及圈舍进行统一整治翻新，彻底实现了旧貌换新颜。唐家坝人居环境示范点，实现了房屋、道路、广场、绿化、公共设施、污水处理等全方位整治，为下一步乡村振兴发展乡村旅游打下了坚实基础。[1]

---

1. 重庆市扶贫开发办公室.攻克深度贫困经典案例(内部材料).2020.

聚焦深度调整产业结构

改善基础设施条件是深度贫困地区发展的基础,而产业发展是深度贫困地区脱贫的关键。习近平总书记深刻指出:"好日子是通过辛勤劳动得到的。发展产业是实现脱贫的根本之策。要因地制宜,把培育产业作为推动脱贫攻坚的根本出路。"[1]深度贫困地区经济发展滞后,产业欠基础、少条件、没项目,少有的产业项目结构单一、抗风险能力不足,对贫困户的带动作用有限。调整产业结构,发展好产业是深度贫困群众脱贫致富的根本之策。重庆市深度贫困地区产业脱贫攻坚,把深度调整产业结构作为重要抓手,聚焦因地制宜发展具有较高经济价值的现代农业产业,以产业转型发展带动深度贫困对象脱贫致富。

---

1. 习近平总书记在宁夏调研考察时的讲话,2016年7月。

石柱县中益乡坪坝村瓜蒌基地

一、积极发展深度贫困乡镇特色优势农业

重庆市深度贫困乡镇农业产业发展落后，产业发展投入少，产业链条短，产业增收效果不明显。推动深度贫困乡镇产业结构调整，能够为农业与第二产业、第三产业融合奠定基础。重庆市深度贫困乡镇以丘陵、山地为主，资源禀赋和开发方式差异较大。这就要求重庆市在调整产业结构时，特别注重立足深度贫困地区的资源禀赋，因地制宜发展特色优势农业产业。如云阳县泥溪

镇位于河谷平坝区，乡镇政府充分利用了河谷淤积沙滩地平坦地势和空气湿度大、气温相对较高的自然环境优势，打造以80万段青杠黑木耳、60万袋香菇为主的食用菌产业基地；在海拔500米以下，中低山区整合退耕还林、国土绿化、荒山造林、特色产业发展等政策资金，打造以6000亩晚熟柑橘、1400亩柚子、1000亩枣子、700亩脆桃等为主的水果产业基地；在海拔500米以上的中高山区打造以3000亩乌梅、3500亩核桃等为主的中药材干果产业基地。"三大产业基地"累计发展特色产业2万亩以上，贫困群众覆盖率达到100%。

酉阳县深度贫困乡镇浪坪乡属于亚热带温润季风气候，地形复杂，相对温差大，垂直气候明显，季节差异大，雨量充沛，温湿条件优越，适合多种林木生长。当地乡政府为了推动产业发展，邀请本土企业康蕊农业发展有限公司返乡创业。2018年9月，在浪坪乡党委政府支持下浪水坝村"两委"及酉阳县康蕊农业发展有限公司工作人员共同前往贵州考察发展特色优势产业，综合比较浪水坝村情况，并经过充分论证，最终得出结论：浪水坝村适合发展桃、李、梨等特色经果林木。回来后，浪水坝村"两委"选址浪水坝村九组（小地名"大竹园"），由酉阳县康蕊农业发展有限公司建设500亩产业发展创业示范基地，村集体经济组织与康蕊农业公司共建大竹园特色农业。

云阳县泥溪镇黑木耳产业

二、推进深度贫困乡镇三产融合发展

产业可持续发展离不开不同产业类型的融合。所谓农业"接二连三"即是通过深度发展农业，促进农业产业链条向第二产业（加工业）和第三产业（服务业）延伸，实现一二三产业融合发展。重庆市在深度贫困地区产业扶贫中，以产业融合发展作为产业发展的目标，充分挖掘农业产业（第一产业）资源优势，以农业产业作为基础，促进产业链条向第二、第三产业的延伸，增加产业经济价值，为深度贫困地区贫困人口收入水平显著提高提供了保障。如开州区深度贫困乡

开州区大进镇生态有机茶园

镇大进镇建成 15000 亩巴渠生态茶园，是重庆市最大的单体山地生态有机茶园。同时，发展出前胡、玉竹、金荞麦等中药材 6000 余亩，有机蔬菜 3000 亩，水果基地 3000 亩，粮油基地 8000 亩。在此基础上，大进镇按照"原料加工—初加工—深加工"的农产品产业链发展思路，成立加工企业，引进设备，规范生产，打造品牌，扩宽销售渠道，成功实现了农业连接第二产业。同时，大进镇积极推动茶旅融合、农旅融合，全力打造茶园景观，开发集茶园观光、茶叶采摘、茶叶加工、茶艺观赏、生态休闲为一体的体验式茶文化旅游产品,实现农业与第三产业的融合发展。[1]

石柱县深度贫困乡中益乡因地制宜发展中蜂、中药材、特色果蔬三大特色农业1.8万亩,其中药材10734亩、经济果木林4344亩、后备箱经济作物3765亩,养殖中蜂8000群。产业形成规模后,在中蜂养殖与蜜源植物(脆红李等)的基础上,中益乡推进发展蜂蜜精深加工产业,打造"三峡蜜罐"品牌。而当地种植的中药材,如辛夷花、吴茱萸、瓜蒌等具有较长的花期,观赏价值比较高。基于此,中益乡在农业基础上积极发展龙河村花果观光体验园、400亩配套休闲示范基地、100亩配套观光游步道等旅游服务业,以农旅融合方式促进农业连接第三产业。[2]

三、创新带贫机制打破深度贫困恶性循环

(一)发展集体经济带动脱贫

深度贫困地区产业开发难度大,贫困群众缺乏农业技术,有限的自然资源难以转化为经济效益,需要政府牵头组织和引导各方力量参与协力推进。重庆市选择以发展村集体经济作为各方协力发展产业的

---

1. 重庆市扶贫开发办公室.攻克深度贫困经典案例(内部材料).2020.
2. 重庆市扶贫开发办公室.攻克深度贫困经典案例(内部材料).2020.

重要方式，贫困群众可在其中发挥土地与劳动力优势、村集体组织或村级合作社发挥带动与规范集体成员的作用、企业发挥资金与技术优势，在政府的主导下，各方力量共同参与，发挥各自优势，共同推动农业产业结构调整，带动贫困群众增收脱贫。如巫山县深度贫困乡镇双龙镇以村集体组织为引领，建立三种农户与经营主体利益联结长效机制，全力促进产业增效、农民增收。一是"村集体＋龙头企业＋农户"模式。浙乐公司以土地入股，公司、农户、村集体按照60∶35∶5的股份分红（贫困户提高1%），待政府财政投入收益后，公司每年再拿出净利润的5%，对贫困户和村集体进行二次分红。二是"村集体＋专业合作社＋农户"模式。由村集体领办的专业合作社经营，若农户以土地入股，土地没有果树则按5∶60∶35比例分红；果树一年以上则按5∶50∶45比例分红；土地果树两年以上则按5∶40∶55比例分红。三是"村集体＋家庭果园＋农户"模式。村集体牵头，组织农户将土地流转给职业果农为主体的家庭果园经营，采取"保底分红（土地流转费）＋利益分红（自行协商）"形式，并优先解决农户在果园务工。[1]

---

1. 重庆市扶贫开发办公室.攻克深度贫困经典案例(内部材料).2020.

石柱县中益乡华溪村成立集体性质公司

坚持党建引领，发展特色产业促脱贫

深度贫困乡镇开州区大进镇受坡多地少交通不便、劳动力欠缺等因素限制，农业发展以种植土豆、玉米、红薯为主，主要用于满足群众家庭消费，未能发展成为规模产业。2017年8月以来，大进镇抓住深度贫困乡镇脱贫攻坚机遇，坚持以党建为引领，全力推进扶贫产业发展，不断探索和完善扶贫产业与贫困群众利益联结机制，为高质量打赢脱贫攻坚战、有机衔接乡村振兴提供了有力支撑。

一是党委主导编制规划，开对产业扶贫"药方子"。为克服规模小散乱、不符合市场需求、不适应自然条件、欠缺技术支持和后期管护等产业发展问题，大进镇在开州区政府的领导下，在驻镇工作队的全面指导下，将编制扶贫产业规划作为实施深度贫困乡镇定点包干脱贫攻坚的首要任务，充分调动镇村党员干部，启动产业规划编制。通过深入走访调研、科学考察评估、层层审核把关，大进镇制定了茶叶、中药材、粮油果蔬和乡村旅游的"3+1"主导产业发展规划。

二是发挥党员带头作用，冲破阻碍发展"墙垛子"。如何把规划落地落实是产业发展的关键。在解决了资金、技术等难题后，群众"不反对、不参与""嘴巴上全力支持、行动上只看热闹"等现象成为推进规划落地新的"拦路虎"。面对这一状况，大进镇各村充分发挥党员带头作用，带头突破思想上的畏难情绪，带头打破狭隘个人利益藩篱，带头破解管护模式，助推主导产业发展壮大。

三是完善利益联结机制，拔出贫困群众

"穷根子"。大进镇驻村工作队和大进镇党委政府通过推进"三变"改革，建立完善利益联结机制，促进贫困群众发展产业脱贫。1.明确集体成员身份。召开院坝会、群众代表大会讨论研究，确定以户籍和土地承包经营权为基础的11类人员为集体经济组织成员，9类人员为非集体经济成员身份。按一人一股、量化到人，确定总股份为3175股。以户为单位办理股权证书876本，实行"增人不增股，减人不减股"的相对静态管理模式。明确集体经济组织成员对股份占有、收益、继承、转让、抵押、担保等权能的实现形式，但不准退股变现。2.搭建新型农业经营载体。按照村党支部引领、专业合作社独立运行、群众自愿参与原则，鼓励农户以土地经营权和社员身份入股，村集体经济组织以现金和财政配股资金入股、吸纳社会资金以现金入股，以"土地折价入股＋现金入股＋集体经济组织资金入股"模式组建专业合作社，并分别明确专业合作社、农户、集体经济组织、社会资金的分红办法和分红比例，建立共同受益的利益联结机制。3.完善机制共享发展红利。针对深度贫困户、一般贫困户制定了倾斜支持措施，整合财政资金作为15个深度贫困户的配股资金入股养牛专业合作社，明确每年最低保底分红金额，确保深度贫困户不掉队。针对一般贫困户，村集体经济组织获取收益后，可分配收益的10%作为贫困户的分红资金。最后覆盖所有户，确保每个村集体组织成员真正享受改革红利。

四是"三产"融合协同发展，走出长效发展"新路子"。大进镇注重产业的"接二连三"，让一二三产业互动融合、持续造血。持续壮大主导产业，成功建成15000亩巴渠生态茶园。因地制宜发展前胡、玉竹、金荞麦等中药材6000多亩，改造厚朴、党参等老药材基地4000亩，药材品质不断提高。立足高海拔和生态优势发展灯笼椒、四季白菜等高山有机蔬菜3000亩，建设车厘子、珍珠枣、油桃等水果基地3000亩。不断延伸产业链条，按照"原料生产—初加工—深加工"的农产品全产业链发展思路，注册成立巴渠郡农业开发有限公司，引进专业设备建立加工厂。规范茶叶、中药材等产业采摘、收储、加工处理、物流运输方式，确保农产品品质。积极打造巴渠云雾、巴渠春等产品品牌，充分运用好淘宝、腾讯"为村"

石柱县中益乡致富带头人将村民土鸡蛋打包外送

等多种平台,扩展销售渠道。推进农旅融合发展,积极推动茶旅融合、农旅融合发展,将茶园核心区的红旗村、年华村等废弃村校改造为游客接待中心,与开州湖山投资集团等区域龙头企业合理打造茶园景观,建成投用一批景区道路、健身步道、停车场、旅游公厕等旅游设施,全力开发集茶园观光、茶叶采摘、茶叶加工、茶叶品尝、茶艺观赏、生态休闲于一体的体验式茶文化旅游产品。[1]

（二）依托致富能人带贫

哪怕是深度贫困地区也有经济实力较强、走出了一条正确发展路子的致富带头人。重庆市通过创业致富带头人培育工程等政策，充分发挥致富带头人在技术、经验等方面的优势，推动深度贫困乡镇发展现代农业产业，促进产业结构调整。

致富带头人喻德兵养猪、种菜脱贫致富

从贫困户到养猪场老板，再到成立克朋农机专业合作社，成为蔬菜"大王"，重庆奉节平安乡文昌村村民喻德兵的两次创业故事，在当地成为佳话。45岁的喻德兵是奉节县平安乡文昌村人，2010年因家里孩子上学负担变大，喻德兵一家成为了贫困户。那年底，喻德兵回到家乡，开始从事养猪行业，然而却因为当时市场不景气，养出来的猪卖不上价钱，最后亏了本钱。后面为了筹集资金，他找

---

1. 重庆市扶贫开发办公室.攻克深度贫困经典案例(内部材料).2020.

亲戚朋友借；为了习得养殖技术，他向乡畜牧站技术人员请教。2013年，生猪市场逐渐好转，喻德兵筹资建起400平方米的养猪场，达到了年出栏30多头的规模，收入3万多元，养猪场逐渐走上正轨。尝到了甜头的喻德兵决心扩大生猪养殖规模。2014年，在乡党委政府的大力支持下，他扩建了2000平方米的圈舍，存栏生猪达到了400余头，一年纯收入40余万元。不仅能够脱贫，还成了当地脱贫致富的楷模。

"自己富不算富，大家富才叫富。"为了帮助更多的村民脱贫致富，2015年，喻德兵成立奉节春享农业开发有限公司，并采用"公司+农户"养殖模式，与900户农户签订保底收购协议，其中贫困户53户。为充分发挥企业平台优势，公司先提供猪仔、养殖技术给贫困户，统一提供配料、保险，并按照高于市场价标准收购，同时，公司为8个农户提供务工性岗位，平均每人每月增收2950元，真正实现了养殖户的零风险。据了解，养殖生猪一般10个月可出栏，每头可达280斤左右，农户养殖一头生猪至少可获得2500元以上收入，除去养殖成本，年可获纯收入13000元左右。在他的引领带动下，平安乡发展养猪产业的农户如雨后春笋，越来越多。

（三）强化贫困人口发展技能助力脱贫

发展技能是发展能力的核心内容，是深度贫困群众可持续脱贫的重要保障。重庆市把提升深度贫困乡镇扶贫对象的发展技能摆在更加突出的位置，实施强化贫困群众发展技能系列政策举措，显著提升了贫困群众的发展能力。以巫溪县深度贫困乡镇红池坝镇为例，当地村民过去都不懂技术，高价值的瓜果蔬菜种不好，也不敢种。在镇村干部和技术专家的鼓励帮助下，渔沙村一社社长李志贤成为最早尝试种植业的村民之一。2018年，他通过种植辣椒、生姜、西瓜等，年收入3万多元，当年就成功脱贫。现今他的新身份：农技指导员，让他既能学到农业实用技术，又能靠提供农技服务每年增收1万多元。为切实解决基层农业发展缺人才、缺技术、缺服务等问题，红池坝镇实施了农技服务"三个一"工程，即：每村建一支3—5人组成的本土农技服务队，每村支部和驻村工作队联建一个产业扶贫示范基地，每名本土农技员负责打造一块产业样板田。为此，红池坝镇党委和政府多方筹资，按照每人1000元/月的标准，对选聘的农业技术指导员进行季度考核并给予补助。近三年来，

巫溪县红池坝镇农户采集七彩椒

全镇累计培训农民7500余人次，颁发"新型职业农民培训结业证书"276份。红池坝镇通过根植本土的技术扶贫，发展壮大了产业振兴的生力军。[1]

---

1. 重庆市扶贫开发办公室.攻克深度贫困经典案例(内部材料).2020.

聚焦深度推进
农村集体产权制度改革

改革开放以来,深度贫困地区贫困村空心化现象日益突出,贫困村集体经济发展陷入停滞,村集体经济收入长期为零。十八大之后,中央加快推进农村集体产权改革,把发展贫困村集体经济,增加贫困村集体经济收入,纳入脱贫攻坚重要内容,作为脱贫攻坚工作考核的重要指标。重庆市委、市政府把推进农村集体产权制度改革作为发展深度贫困地区贫困村集体经济的重要举措,盘活村集体资产,实施"三变"改革,让更多贫困户参与村集体经济增长,实现贫困村集体和贫困户"双增收"。

一、深度贫困乡镇农村集体产权制度改革举措

从 2014 年起，重庆市梁平区、巴南区、永川区、万州区、黔江区等 17 个区县先后三批被列为全国农村集体产权制度改革试点区域，农村集体产权制度改革取得了阶段性进展。2019 年 5 月份，重庆市被中央农办、农业农村部确认为全国 12 个整省（市）推进农村集体产权制度改革试点之一，在改革工作的推进过程中，重庆市指导农村集体产权制度改革的举措可以分为实施农村集体资产清产核资、认定农村集体经济组织成员身份、推进农村集体经营性资产股份合作制、赋予农民股份的权能以及积极地发展多种形式的集体经济。

（一）实施农村集体资产清产核资

进行农村集体产权制度改革，首先要摸清楚农村集体资产的家底有多少。重庆市农村以丘陵、山地为主，各类集体资产较为分散，这也给清产核算带来了困难。为此，重庆市以"把握正确改革方向、坚守法律政策底线、尊重农民群众意愿、分类有序推进、坚持党的领导"五项原则为导向，分别对集体资源性、经营性、非

经营性资产进行盘点登记,让集体资产成为"明白账"。[1]在全面清查核实集体资产的过程中,严格落实好农村集体资产清产核资工作程序、清理范围、权属确认、价值评估、账目调处等要求,明确集体资产所有权,并确权到不同层级的农村集体经济组织成员集体。落实好政府拨款、减免税费等形成的资产归农村集体经济组织所有的政策。建立健全农村集体资产的登记、保管、使用、处置等制度,实行台账管理。形成对农村集体资产进行每年一次的清查和上报制度,在此次全体推进的这一轮清产核资结束后,每一年都要对农村集体资产增减变化情况进行清查核实,清查结果逐级审核上报。[2]

(二)认定农村集体经济组织成员身份

在清产核资基础上,把农村集体资产的所有权确权到不同层级的农村集体经济组织成员集体,并依法由农村集体经济组织代表集体行使所有权。集体资产所有权确权严格按照产权归属进行,不能打乱原集体所有的界限。集体经济组织成员的身份确认按照依法依规、尊重民意、因地制宜和稳妥审慎四项基本原则进行,符合以

---

1. 左黎韵.重庆全面完成农村集体产权制度改革整市试点.重庆日报农村版,2020-11-13(2).
2. 重庆市人民政府办公厅关于印发重庆市农村集体产权制度改革试点方案的通知(渝府办发〔2019〕95号)

石柱县中益乡华溪村村民分红

下情况之一即可确认身份：户口一直保留在本集体经济组织所在地的，出生时父母双方或一方为本集体经济组织成员的，或者是本集体经济组织成员依法收养的子女；通过合法婚姻将户口迁入本集体经济组织所在地，并在本集体经济组织生产、生活的；因为国家建设或其他政策性原因，依规由本集体经济组织接收和安置，将户口迁入本集体经济组织所在地，并在本集体经济组织生产、生活的。而因死亡、户口迁出、本集体经济组织解散则丧失成员身份。跨集体经济组织搬迁安置群众，按照自愿原则，可在迁入地申请取得集体经济组织成员身份，或者保留迁出地集体经济组织成员身份。

（三）推进农村集体经营性资产股份合作制

农村集体资产分为资源性资产、经营性资产和非经营性资产。其中对经营性资产股份合作制的改革是农村集体产权制度改革中的重点。推进农村集体经营性资产股份合作制在尊重农民意愿的前提下，将农村集体经营性资产折股量化到本集体经济组织成员，作为他们参加集体收益分配的基本依据。对于组织成员所合法拥有的集体资产股权，建立健全好登记、公示、鉴定的台账制度，把成员对集体资产的股份合法占有权落到实处。对

秀山县隘口镇贫困户领取分红

于股权的设置应当以个体性的成员股为主,是否设置集体股要经过农村集体经济组织成员进行民主讨论会来决议。重庆市鼓励农村集体经济组织制定自己的规章制度,在集体收益中提取出一定比例的公积金、公益金之后,集体经济组织成员再按股分红。

(四)赋予农民集体资产股份权能

重庆市积极探索赋予农民集体资产股份占有、收益、有偿退出及抵押、担保、继承等权能。[1]健全村集体、农户、专业合作社、公司等各方关于集体收益的分配制度,鼓励有条件的农村集体经济组织实行年度的分红制度。结合实际情况落实农民集体资产股份在有偿退出、继承方面的可行程序和制度,同时引导好进城落户的农民依法转让他们的相关股份,土地承包权和集体收益分配权。重庆市推动建立健全市、区县农村产权交易平台,建立乡镇农村产权流转交易中心和村级服务站点,通过加快构建四级产权流转交易市场体系等方式来完善农村要素市场,从而合理配置农村要素资源,提高农村要素资源利用率,促进农村集体经济的蓬勃发展。

---

1. 重庆市人民政府办公厅关于印发重庆市农村集体产权制度改革试点方案的通知(渝府办发〔2019〕95号)

石柱县中益乡华溪村分红名册

石柱县中益乡华溪村经果林套种黄精

（五）积极发展多种农村集体经济形式

重庆市管好用好扶贫资金，支持贫困区县的集体经济薄弱村发展，通过入股或参股等形式引入新型农业经营主体有效盘活集体资源资产。[1] 农村集体经济的合作方式可以包括土地流转、资金入股、房屋联营、务工就业、生产代销、生产托管、租赁经营，等等。创新村级集体经济的发展模式，要从实际出发、因地制宜地转变村级集体经济经营方式，探索出适合集体经济发展的有效途径。

二、深度贫困乡镇农村集体产权改革创新实践

（一）制度标准与民主协商认定成员身份

重庆市实施深度贫困乡镇稳定脱贫提升行动，指出产业带动、资产收益、股权改革等模式要提高贫困人口参与度和受益水平。提出各区县结合实际情况制定本区县农村集体经济组织成员身份的认定管理办法，指导农村集体经济组织在群众民主协商基础之上，明确成员身份确认的具体流程与标准，加强农村集体经济组织成员确认工作监督，确保公开透明、规范有序。

---

1. 重庆市人民政府办公厅关于印发重庆市农村集体产权制度改革试点方案的通知（渝府办发〔2019〕95号）

华溪村创新资产评估,明确股权归属

华溪村距县城40公里,距离重庆主城260公里,面积22.36平方公里,平均海拔1000米,呈现出深度贫困地区中的生产条件差、山高坡陡、位置偏远等特点。过去主要种植玉米、土豆等传统作物,产量低、效益差,农民致富无门,村集体无钱办事,60%以上劳动力外出务工,近60%的农村承包地被弃耕撂荒。华溪村统筹考虑程序规范和实际因素,破解深度贫困村的空心化问题,顺利推进"三变"改革。

过去涉农资金、扶贫资金投入分散、效益较低,与农民利益联结不紧密。华溪村以股份合作为核心,整合各类涉农资金,集中到统一的产业平台上,通过资金股份化激活和放大资金使用效益,变"一次性"投入为"持续性"增收。具体做法是,将原市农综办、市水利局等市级部门专项资金以及山东省淄博市对口扶持、农业银行重庆分行党费捐赠、其他社会捐赠资金共468万元整合,由村股份经济联合社组织代表村民持股,入股中益旅游开发有限公司，增强公司的资本实力。过去，由于缺乏上位法依据，对户籍已迁走的大学生、服刑人员，以及户口已迁走但仍保留承包地的村民等是否认定为本村集体经济组织成员，相应享有产业平台的股份，一直是困扰许多地方的难题。华溪村按照尊重历史、兼顾现实、程序规范、群众认可的原则，统筹考虑户籍关系、农村土地承包关系、对集体积累的贡献等因素，经村民代表大会民主讨论后确定：截至2018年11月30日24时是本村的农业户籍人员；转为城镇居民，但未退出农村承包土地的人员；原户籍在本集体经济组织的解放军、武警部队的现役义务兵和一、二级士官；本集体经济组织征地农转非的人员；本集体经济组织宅基地复垦的人员；本集体经济组织农转非老复员军人；原户籍在本集体经济组织，户口已迁入就读中小学校、中等职业学校和全日制大中专院校的学生，在读期间保留其集体经济组织成员身份；原户籍在本集体经济组织的服刑人员等共计1280人，具有股权人资格。并将集体经营性资产及资金量化到人，配置股份1280股，集体经济组织成员1人1股，不设

石柱县中益乡华溪村电商产品

集体股,从而最大程度兼顾了各方利益,减少了改革阻力。[1]

重庆市18个深度贫困乡镇大力发展集体经济,集体经济不断发展壮大,实现村集体经济发展的全覆盖,每个村至少一个集体经济组织,确保贫困户长久可持续收益。如三建乡通过股权化改革、入股分红等方式,8个村(社区)2020年经营性收入共计129.38万元,平均实现16.17万元,其中蔡森坝村已达24.1万元。浪坪乡

---

1. 根据石柱县扶贫办提供的《中益乡华溪村深化"三变"改革助力脱贫攻坚》等材料整理形成。

全乡共有三个村集体经济组织，2020年村均集体经济收入达10.6万元。后坪乡2020年村均集体经济收入达到17.78万元。中益乡全乡7个村成立集体股份制公司或专业合作社，逐村策划发展项目，村集体经济均实现从无到有、从小到大的蜕变，2020年村均集体经济实现收入30.1万元。金溪镇2020年村集体经济收入共计145.6364万元，村（社区）平均收入18.2万元。隘口镇2019年村集体实现收入63万元，全面消除产业空心村和村集体经济空壳村，产业收益覆盖所有建卡贫困户。

石柱县中益乡蜂蜜加工罐装厂

石柱县中益乡华溪村"告别贫困"感恩宴

（二）因地制宜发展集体经济新模式

重庆市针对深度贫困地区产业发展难的问题，在对深度贫困乡镇实施的产业扶贫行动中指出，深度贫困乡镇至少要有1家规模以上龙头企业，每个行政村至少要有1—2个农民合作社来带动产业的发展。农村集体经济组织利用未承包到户的集体土地、果园、水域等资源，同时鼓励成员们以土地入股，集中开发或者通过引入企业等方式来发展现代化的种植养殖项目；探索利用闲置的各类房产设施、集体建设用地等发展乡村休闲旅游民宿，充分利用本地的历史文化以及生态环境等多种形式

石柱县中益乡华溪村标准化的农家乐

发展集体经济。

后坪乡以旅游为题探索发展集体经济

后坪乡以"幸福后坪,云上苗寨"为主题,主推天池苗寨景精品民宿"三变"改革,探索发展旅游式集体经济。后坪乡争取喀斯特旅游集团公司出资300万元现金,与44户寨民以寨内田土林房10年的经营权作价500万元入股,注册成立了重庆市武隆区苗情乡村旅游股份合作社,形成"公司+合作社+农户"的经营模式。由惠隆乡村旅游有限公司牵头，按照"房屋改造＋保留特色"的思路，改造民宿20栋197张床位，抓好本土民居的结构特色、民族文化，使房屋建设体现出地域特色、民族特色和时代风貌；整合资金2000余万元修建田园步游道，改建公路，美化绿化苗寨；完善苗药观光园、金秋梨采摘园、月亮湖、太阳湖基础设施建设；建成"五坊五馆"乡村旅游业态，提供工坊体验，打造民俗文化体验区；苗家酸汤鱼、长桌宴、苗家小吃、鼎罐饭、柴火鸡等特色美食店开店营业，打造特色美食区；完成了寨内旅游导揽系统和门楣店招，建起石趣园、水车乐园和儿童乐园等供游客体验的项目16个；新建停车场1400平方米，进一步提升游客接待能力；打造田园山野游憩区，供游客体验寨内田园风光；实现"环境很乡村、格调很国际、产品很乡村、服务很标准"的旅游目标定位，切合现代旅游的市场需求。

后坪乡的新式旅游集体经济采取"固定分红＋收益分红"方式，共同打造精品民宿，实现了"资源变资产、资金变股金、农民变股民"，壮大了村集体经济、拓宽农民收入渠道，2019年实现固定分红52.25万元（入股寨民户均分红1.18万元)。[1]

重庆市18个深度贫困乡镇积极探索新型集体经济合作模式,通过土地流转、资金入股、房屋联营、务工就业、生产代销、生产托管、租赁经营等多种合作方式,特色产业发展取得了喜人的成果。如泥溪镇采取村集体农业公司投入财政资金作为股金,农户土地入股,双方1∶1占股分红,以"村集体公司+合作社+农户"的模式,发展柑橘产业基地6000亩。后坪乡主推天池苗寨"三变"改革,争取喀斯特旅游集团公司以300万元现金入股苗情乡村旅游股份合作社,44户农户以寨内田土林房10年经营权折资500万元合股联营,形成"公司+合作社+农户"的乡村休闲旅游经营模式。三建乡召开各类群众会议达500余场次,讲政策、做动员,盘活闲置土地资源,通过土地入股合作社的方式,将长期撂荒的土地集中起来,发展笋竹、苗圃、油茶、冷水鱼养殖等附加值较高的产业,打造15个种养殖基地。

(三)合理联结利益降低产业风险

农村改革经不起折腾,农民的事情来不得马虎。针对深度贫困群众脱贫能力弱的问题,重庆市鼓励各区

---

1. 重庆市扶贫开发办公室.攻克深度贫困经典案例(内部资料).2020.

丰都县三建乡冷水鱼养殖产业

丰都县三建乡珍珠鸡养殖产业

县、乡多措并举防范风险,保驾"三变"改革。推进农村集体经营性资产股份合作制要对有劳动能力和意愿的贫困农户全覆盖,推广产业带动模式,组织和动员群众抱团发展。将农村集体经营性资产折股量化到本集体经济组织成员身上,做好利益联结和分配机制。

丰都县三建乡合理设计利益联结降低农业产业风险

土地资源的盘活为扶贫产业发展奠定了基础,如何激发村民、村集体、投资主体发展产业的积极性?为此,三建乡合理设计利益联结方式,根据财政资金、社会资本的不同特点,制定差异化的"保底收益+比例分红"方案,激发三者发展产业的内生动力。

为发挥国有资本的改革引领作用,2018年三建乡与当地国企丰都县农业科技发展集团有限公司合作,打造"一村一产业",通过土地入股折算、财政投入、企业投入共计1.5亿元作为股金,以"农户+村集体+企业"的模式组建8个产业公司,前5年为农户发放保底收入,产生收益后按入股农户3成、村集体3成、企业4成的比例进行分红。

在三建乡油茶基地，1100多亩油茶树长势喜人，树下还套种了土豆、黄豆。经营三建乡产业的地方国企丰都县典耘农业公司负责人蔡勇说，这个基地共有570户村民土地入股，除了每年每亩240元的保底收益，今年土豆收益中有8万元分红，两年后油茶将进入丰产期，群众的收入会更高。

近年来，三建乡还引进了5家民营企业投资7500万元发展柠檬、生态鱼等产业。为保障社会资本收益，这些项目则按"保底+361"比例设定股权模式，即农户以土地入股占30%、社会资本占60%、村集体占10%。如重庆汉业水产养殖公司在三建乡养殖生态鱼，土地入股农户在项目投产前每年每亩有600元保底收益，项目投产后在此基础上按"361"比例分红。

2019年，三建乡村民土地入股保底收益448.8万元、务工收入1100多万元，村集体经济收入85.3万元，产业空虚、村集体经济空壳问题彻底解决，村民变成了股民、产业工人。蔡森坝村65岁的村民陈世芳自去年开始在村里苗圃基地务工，工资收入已达3万多元。她对记者说："过去干农活靠天吃饭，收入不稳定，没想到现在还能像工人一样,领上了工资。"

农业产业风险较高,如遇自然灾害、市场滞销怎么办?三建乡乡长任正义介绍,三建乡为贫困户购买"产业扶贫保险",并按照"政府配一点、企业筹一点、合作社交一点"方式,加上上级部门帮扶资金2000万元,建立产业发展风险金。一旦出现行情不好、群众保底收益难保障时,由风险金兜底。[1]

重庆市18个深度贫困乡镇在推进农村集体产权制度改革过程中,始终把农户的利益放在首位,坚决防止"富了老板、丢了老乡"的现象,形成了"保底收益+利益分红"的基本收益分配方式。保底收益是农户以土地入股、房屋入股、劳动力入股、技术入股或者资金入股等所必须分配的最基本的收益,利益分红则是村集体经济对生产经营活动所获得的收益,拿出必要的部分给农户们分红。如金溪镇村集体每年按投入资金总额的6%提取资金,并按5∶10∶15∶20∶50比例进行分配(5%作为人才培养金和村级办公经费,10%用于提高村组干部报酬,

---

1. 周凯."三变改革"让重庆深度贫困乡蜕变.经济参考报,2020-12-15.

石柱县中益乡光明村智慧农场

15%作为对困难群众的扶贫济困金,20%作为公积公益金,50%按集体经济组织成员人数平均分配)。泥溪镇对村集体所有收益实行三次分红:一次是村集体经济与土地入股农户按照1∶1进行分红;二次是村集体经济分红部分按照发展风险基金30%、村集体经济50%、贫困户20%进行再分配;三次是村集体经济分红部分按照公益事业50%,全体村民50%进行三次分配。

聚焦深度落实扶贫惠民政策

长期以来,深度贫困地区经济发展落后,公共服务建设缺口大,公共服务水平低。贫困群众文化水平低,没有获得社会安全网的有效保障。公共服务扶贫或者民生扶贫是脱贫攻坚的重要内容,与脱贫攻坚的核心指标——"两不愁三保障"密切相关。重庆市深度贫困脱贫攻坚聚焦落实扶贫惠民政策再发力,把政策的"含金量"转化为群众的获得感,对稳定实现贫困人口脱贫具有重要的意义。

一、落实深度贫困乡镇教育扶贫实践举措

(一)教育扶贫政策:推动控辍保学与加强教育质量

重庆市教育扶贫政策内容包括重点扶持区域、对象,实施精准化贫困学生资助体系,狠抓控辍保学,确

保贫困区县教育优先发展。特别提出深入实施教育扶贫工程，以扶贫重点县和建档立卡贫困家庭为重点，加快完善深度贫困乡（镇）的学前教育公共服务体系和寄宿制学校建设。全面落实贫困家庭子女从学前教育到高等教育等各学段资助政策，确保资助全覆盖，绝不让一个学生因贫失学。

一是落实责任控辍保学。进一步落实区县教育行政部门、乡镇政府（街道办事处）、村（居）委会、学校和适龄儿童父母或其他监护人控辍保学责任，建立控辍保学目标责任制和联控联保机制。区县教育行政部门依托全国中小学生学籍信息管理系统建立控辍保学动态监测机制，加强对农村、边远、贫困、民族等重点地区，初中重点学段，特别是农村留守儿童、家庭经济贫困儿童、流动儿童、孤儿和其他困境儿童等重点群体的监控，同时加大对义务教育法、未成年人保护法等法律法规的宣传力度，切实强化家长和适龄儿童少年的法律意识。义务教育学校落实辍学学生劝返、登记和书面报告制度，劝返无效的，应书面报告区县教育行政部门和乡镇人民政府（街道办事处），有关部门应依法采取措施劝返复学。

二是精准资助贫困学生。完善学生资助体系，从制度上保障，不让一个学生因贫失学辍学。各区县（自治县）教育部门加强与扶贫、民政、残联等部门的沟通协调，做好工作协同，及时共享更新信息，共同做好家庭经济困难学生识别动态管理工作。2018年1月9日，重庆市教委等六部门联合印发《关于打赢教育脱贫攻坚战的实施意见》，明确指出各区县要对接好贫困家庭信息，精准排查贫困家庭的学生数量，分教育阶段落实好免学费、补助生活费等政策。同时，对低保对象、特困人员、孤儿给予资助。

三是加强教育质量保障。补足学前教育短板，大力改造贫困地区义务教育薄弱学校。学前教育"三年行动计划"重点向18个贫困区县倾斜。完善公办园和普惠性民办园为主体的县、乡、村三级学前教育网络，确保有需求的贫困村幼儿园全覆盖，保证农村每个乡镇至少建好一所公办中心幼儿园。义务教育薄弱学校改造资金向18个贫困区县倾斜，使贫困地区农村义务教育学校基本办学条件达标，完善农村寄宿制学校住宿条件，确保寄宿制学校软硬件达标。加强贫困区县乡村教师队伍建设，确保教师"下得去、教得好、留得住"。推进基础条件均衡配置，发挥信息化优势，让贫困学生共享优质教育资源。通过专递课堂、名师课堂、名校网络课堂等同步教学模式，实施区域间学校协作计划，带动贫困地区办学质量提升。加强"优质数字教育资源班班通"建设与应用，扩大数字教育资源覆盖面，促使贫困地区师生共享优质数字教育资源。

秀山县隘口镇乡村小学

彭水县着力抓教育斩穷根

  彭水县秉持着抓实教育扶贫阻断贫困代际传递的理念，针对深度贫困地区社会文明程度不高、因贫失学、大孩子辍学带小孩子等现象，把教育放在优先发展的重要地位，扎实推进教育扶贫工作，取得了显著成效。围绕"义务教育有保障"这个根本性目标，精准施策，建立起了分段资助、控辍保学、临时救助、送教上门"四大体系"，采取"一人一案"措施，对因病因残厌学导致义务教育未保障的适龄儿童实行动态清零,有效破解因贫困失学、因厌学辍学、因灾中断学、因残不便学"四大难题"。[1]在分段资助中,健全完善农村建卡贫困户和低保家庭学生、学前教育到高等教育各个学段学习"两个全覆盖"教育资助体系。除了正常的义务教育阶段免费发放教科书、免杂费、免作业本费及初中主科教辅资料费之外,建档立卡贫困学生还可以在高中阶段(就读于县内普通高中)免除学费和教科书费并享受国家助学金。就读县职教中心的建卡贫困学生、城乡低保家庭学生及特困学生免除教科书费。在控辍保学中,抓好教育扶贫,摸清控辍保学底数,继续按照双线责任制要求,加强与当地政府(街道)的联系,开展劝返动员,严防新的失学辍学发生,确保适龄儿童全部到校就读。在临时救助中,设立了困难家庭学生救助基金,对因自然灾害、家庭成员重大疾病等造成家庭经济特别困难的学生给予救助,做好特殊病残学生的送学上门的工作。

2020年5月的一天,彭水县保家镇中心校3名教师来到保家镇大河坝村,对残疾儿童小

---

1. 陈维灯.彭水:脱贫攻坚下足"绣花"功.重庆日报,2020-10-21(9).

杨开展送教上门。再次见到老师,小杨露出了久违的笑脸。小杨因为身体原因无法接受学校的系统教育,保家中心校了解到他的情况后及时启动了"送教上门",如今他也和正常孩子一样享受义务教育、享受学习的乐趣。小杨的家长说,有了"送教上门",他们一家能腾出手来务工、忙农活,也看到了希望。[1]从对孩子的担忧到希望,这种细微的变化背后是彭水教育精准扶贫的"大文章",是彭水县这些年坚持把发展教育作为阻断贫困代际传递的治本之策。全县贫困家庭适龄儿童义务教育有保障,极大地增强了脱贫致富内生动力。[2]

(二)深度贫困地区教育扶贫落实情况

经过长期努力,重庆市教育扶贫得到了扎实推进,具体表现在:贫困地区学校办学条件不断改善,控辍保学工作稳步推进,乡村师资队伍持续壮大提升,学生资助全面覆盖。

---

1. 乔筱.抓实"三个关键"持续提升脱贫成效.重庆日报,2020-5-23(16).
2. 重庆市人民政府新闻办公室.重庆市脱贫攻坚系列主题新闻发布会彭水专场.[2020-10-20].http://www.cq.gov.cn/wzzx/xwfbh/detail.html?siteId=28&interviewId=1051.

一是控辍保学成效明显。控辍保学成效明显,义务教育"一个不少"。重庆市18个深度贫困乡镇突出保障建档立卡贫困家庭、低保家庭、残疾人家庭等特殊群体入学,加强这些重点学生群体的动态监控,持续开展好家访、送教上门活动,通过随班就读、特校就读、送教上门等方式来全力保障学生都能接受教育。贫困家庭适龄学生控辍保学工作成效明显,没有因缺资金失学辍学现象。截至2019年8月6日,重庆市38个区县(包括18个深度贫困乡镇在内)通过了义务教育发展基本均衡区县国家督导认定,义务教育阶段适龄儿童少年不存在因贫失学辍学现象。[1]

二是教育资助落实到位。重庆市18个深度贫困乡镇全面落实义务教育资助"两免一补"政策,全面免除城乡义务教育阶段学生学杂费;免费向义务教育学生提供国家和地方课程教材及作业本、初中学生教辅材料;向家庭经济困难寄宿学生补助生活费(补助标准为小学每生每天4元、初中每生每天5元)。此外,还实施了建档立卡贫困家庭非寄宿学生生活费资助政策,为建档立卡贫困家庭非寄宿学生在校上学期间免费提供一顿午餐(补助标

---

[1] 匡丽娜.着力抓好三项工作 确保义务教育有保障.重庆日报,2019-8-6(5).

万州区龙驹镇幼儿园午餐

准为小学每生每天6元、初中每生每天7元）。[1] 重庆市教委专门印发了《深化18个深度贫困乡镇教育脱贫攻坚工作的通知》，18个深度贫困乡镇严格落实相应要求，多形式、全方位对学前教育到高等教育的各类教育扶贫、资助政策开展宣传，构建完善"学前教育至高等教育"多层级资助体系，实现"应助尽助"，不让一人因贫失学、因贫辍学，辖区就读贫困家庭子女享受教育资助达100%。

三是办学条件全面提升。在以前，重庆市18个深度贫困乡镇中的乡镇小学、幼儿园，大部分存在着一些困

---

1. 匡丽娜.着力抓好三项工作 确保义务教育有保障.重庆日报,2019-8-6(5).

难：一是地理位置偏远，交通不便，学生上学路程远，普遍有寄宿需求；二是基本办学条件落后，普遍存在校舍小而陈旧，存在安全隐患、功能室配备不足、食堂卫生条件差等情况。[1] 如今办学条件全面提升，如三建乡建成乡村学校少年宫和中心幼儿园；后坪乡认真落实教育扶贫相关措施，全面完成后坪乡中心校、鱼子小学标准化建设，建成了全区最漂亮、信息化水平最高的民族特色学校；中益乡新建寄宿制学生宿舍楼910平方米，解决中益小学中高年级住校难题，扩建中益小学学生食堂220平方米，建立餐饮台账，严把食品来源、加工、监测等食品安全关；黔江区金溪镇投资2740万元改扩建镇中心校，新建校舍7000平方米，更新教学设施设备，建成全区唯一的共享科技馆，2019年9月全面投入使用，辖区学生实现就近享受优质教育资源。

二、落实深度贫困乡镇健康扶贫实践举措

（一）健康扶贫政策：减轻负担与提升医疗服务质量并重

重庆市出台的《关于健康扶贫工程的实施意见》《关

---

1. 重庆市教委财务处.重庆市市教育建筑规划研究院深入18个深度贫困乡镇指导教育脱贫建设项目.重庆与世界,2017(12).

云阳县泥溪镇乡村小学图书阅览室

于印发《深度贫困乡（镇）定点包干脱贫攻坚行动方案》的通知》《关于加强深度贫困乡镇健康扶贫工作的通知》等政策文件对深度贫困乡镇推进健康扶贫工作、提高基层医疗救助水平做了规定，重庆市卫健委、发改委、民政局、财政局、人力资源和社会保障局以及重庆市扶贫开发办公室联合印发的《重庆市解决贫困人口基本医疗有保障突出问题工作实施方案》则对强化基层医疗系统、强化医疗保障等工作做了说明。

一是提高贫困群众医疗保障水平。通过深入实施健康扶贫工程，抓好大病集中救治一批、慢病签约服务一批、重病兜底保障一批"三个一批"行动，做好慢病签约服务健康管理,分类资助农村贫困人口参加基本医疗保险,完善好商业补充保险,对农村贫困人口采取特殊保障等措施。对农村贫困人口实施提高医保报销比例,降低医保起付线,扩大医保报销范围,扩大医疗救助和临时救助覆盖面,完善大病商业补充医疗保险,实行疾病应急救助,设立区(县)扶贫济困基金,强化多重保障衔接,各地在现有医保制度之外自行开展新的医疗保障扶贫措施探索与基本医保、大病保险和医疗救助做好有机衔接和平稳过渡,并在2020年年底前转为在基本医保、大病保险和医疗救助三重保障框架下进行。确保实现区县域内就诊率达到90%,农村贫困人口家庭医生签约服务管理率100%;农村贫困人口住院医疗费用个人自付比例控制在10%以内,门诊医疗费用个人自付比例控制在20%以内,贫困群众医疗费用负担明显减轻。

二是提高健康扶贫精准度。全面改善深度贫困乡镇卫生院条件,加强远程医疗能力建设,推行贫困人口"先诊疗后付费"结算机制,实现基本医保、疾病应急救助、医疗救助等"一站式"即时结算,有条件的建成具有辐射周边乡镇功能的中心卫生院,方便群众就近就医。因病分类救治,各区县进一步准确核实农村贫困人口因病致贫返贫的情况,对需要治疗的大病和慢性病患者进行分类救治。加快推进分级诊疗制度,规范常见病慢性病在不同等级医院的转诊指标和流程。为每位农村

彭水县三义乡医务工作人员送医上门

贫困人口建立电子健康档案和健康卡,为每个贫困户确定1名签约家庭医生。农村贫困人口签约服务费由基本公共卫生经费承担,涉及医保的服务项目按医保基金规定支付,严格控制医药费用不合理增长。

三是加强基层医疗服务体系。加强贫困区县(自治县)人民医院、中医院、妇幼保健机构和基层医疗机构标准化建设,每个贫困区县(自治县)至少建成1所二级甲等公立医院,每个乡镇(街道)建成1所标准化乡镇(街道)卫生院,每个村(社区)有1个标准化卫生室。实现贫困区县(自治县)100%的社区卫生服务中心和乡镇(街道)卫生院、70%以上的社区卫生服务站和村(社区)卫生室能够提供中医药服务。加强对口帮扶,三

石柱县中益乡崭新的卫生院

级医院与贫困县县级医院签订一对一帮扶责任书，明确目标、任务和考核指标；采取组团式支援方式，选派管理和技术人员担任受援医院院长或副院长、护理部主任及学科带头人；定期派出医疗队，为农村贫困人口提供集中诊疗服务。加强"县乡一体、乡村一体"机制建设，通过合作发展、技术帮扶、人才培养等手段，强化县级医院对乡镇卫生院的技术辐射、医疗质量安全和管理水平的带动作用，加强乡村一体化管理。完善区域卫生规划和医疗机构设置规划，合理设置乡镇卫生院和村卫生室。落实乡镇卫生院对村卫生室业务管理和指导责任，卫生院负责村卫生室医疗质量安全、护理、公共卫生等监管考核工作；村卫生室承担基本的医疗卫生服务。

平安乡送医送药惠民生

深度贫困地区中，因病致贫是一个很常见的原因。为此平安乡聚焦医疗保障，全面开展医生巡防，实行签约医生定期问诊、专家集中义诊、村医常态送诊等多道防线，实现村民病有所医、治病及时，小病少跑路、大病少花钱，切实防止了因病致贫。一是扎实开展乡村级医生定期巡防、送医上门和免费义诊等行动；二是构建健康扶贫新农合、医疗保险、大病保险、民政医疗救助体系、商保大病补充险、专项资金救助"五张网＋县级救助"体系。在疫情防控期间，平安乡还成立医疗防疫救治组，利用"网格员＋村干部＋村医"模式对外出返乡人员进行严密跟踪，不漏一人，准确掌握返乡人员身体情况，确保疫情不扩散。

不少贫困群众得重病不愿意去治，怕花钱；得慢性病了不好治，因为发现晚。在平安乡因病致贫、因病返贫的群众不在少数，这在一定程度上阻碍了脱贫攻坚进程。针对这种情况，宣传工作队经常为贫困群众检查身体、送医送药，守护群众身体健康。2018年12月宣传工作队第一次为林口村五保户量血压时,发现张世万收缩压高达182,舒张压高达115,同志们严肃地叮嘱他要天天口服降压药,坚决改掉三顿喝酒的坏习惯,并协调平安乡卫生院医生上门服务与对口联系。2019年4月14日,宣传工作队再次上门为其测量血压,张世万收缩压降至167,舒张压降至105。老张现在已经养成了按时服药、少喝酒的良好生活习惯,身体比以前有了明显的好转。他常对人讲,非常感谢扶贫干部们的关心和提醒,要不是他们来给我送医送药量血压,提醒并告诫要服药,说不定我已经不在人世了。[1]

(二)深度贫困地区健康扶贫落实情况

重庆市各区县严格落实各项健康扶贫政策,结合自身实际情况,将健康扶贫工作与加强医疗保障水平、推进县乡村三级医疗卫生服务体制改革有机结合起来,有效提高了农村贫困群众医疗保障水平,有效解决因病致贫返贫老大难问题。

一是农村贫困人口医疗保障全覆盖。重庆市完善贫困人口医疗保险制度,建立基本医保和大病保险贫困人

---

1. 重庆市扶贫开发办公室.攻克深度贫困经典案例(内部资料).2020.

口全覆盖的医疗保险制度，同时还出台了建档立卡贫困群众参加新农合个人缴费补助政策。贫困群众、低保对象、残疾人等在缴纳城乡基本医疗保险时，其个人需缴费部分，均可以获得政府财政补助。重庆市18个深度贫困乡镇大力宣传医疗扶贫政策，引导群众积极参加城乡居民基本医疗保险，同时开展贫困人口医疗保险参保常态化排查，建立动态监管机制。截至2020年10月，贫困人口和贫困边缘人口参加医疗保险动态实现100%，建档立卡贫困群众全部实现基本医疗保险、大病保险、医疗救助全覆盖，建档立卡贫困群众参保率达到100%，实现了农村贫困人口应保尽保。

二是贫困人口医疗费用负担大大减轻。重庆市18个深度贫困乡镇精准落实医疗保障政策，建立"三保险""两救助""两基金"（基本医保、大病保险、商业补充保险为基础，医疗救助、疾病应急救助、扶贫济困医疗基金、健康扶贫医疗基金）多重医疗保障体系，落实资助参保政策，实行"两升两降一取消"倾斜报销办法，贫困人口医疗保障水平不断提高。截至2020年9月底，贫困人口住院费用自付比例控制在10%以内，重特大疾病、慢性病门诊费用自付比例控制在20%以内。[1]

---

1. 重庆市卫健委.重庆市健康扶贫工作落实情况.[2020-12-01].http://wsjkw.cq.gov.cn/ztzl_242/jzjsjkfpgjz/gzdt/202012/t20201201_8515596.html.

严格落实"资助参保费用"、"先诊疗、后付费"、"一站式"服务、巡诊义诊等健康扶贫政策，实现无一人因贫弃医。过去，重病大病患者因贫弃医现象时有发生，贫困群众生不起病、看不起病、不敢看病。随着医保范围的扩大，部分慢性疾病和重大疾病纳入了特殊疾病范畴，以及大病商业补充医疗保险制度的完善，原来无法报销的病种和基本医疗保险报销之后的医疗费用都得到新的解决办法。如今贫困群众都看得起病、敢看病了，幸福指数越来越高。

三是基层医疗服务全面覆盖。重庆市各区县严格落实基本医疗有保障政策，每个贫困区县至少新增1个中医特色专科，18个深度贫困乡镇全部配备监护型救护车，11所贫困区县乡镇卫生院入选"美丽医院"，18个深度贫困乡镇卫生院标准化建设达标率100%。通过改扩建一批、联合设置一批、搬迁一批，村卫生室标准化建设实现全覆盖，并配备1名以上的合格村医，村医服务率达到100%。医疗卫生机构"三建好"目标全面实现，确保贫困人口有地方看病。[1] 贫困群众实现小病不出村，大病不发愁。全覆盖落实建档立卡贫困户、慢性病患者家庭医生签约服务，实现常年在家且有签约意愿的贫困

---

1. 重庆市卫健委.重庆市健康扶贫工作落实情况.[2020-12-01].http://wsjkw.cq.gov.cn/ztzl_242/jzjsjkfpgjz/gzdt/202012/t20201201_8515596.html.

石柱县中益乡家庭医生送医上门

人群家庭签约和巡访服务全覆盖,为常年在家且有签约意愿的一般贫困人群提供签约和健康教育服务。

三、落实深度贫困乡镇社会保障实践举措

(一)社会保障政策:应保尽保与动态管理

重庆市聚焦失能、弱能贫困人口,聚焦未脱贫人口、致贫返贫风险大的人口,及时将符合条件的对象纳入基本生活兜底保障,实现应保尽保快保,做到"不漏一户、不落一人"。

一是完善农村最低生活保障制度。完善最低生活保

障对象认定标准体系，进一步明确从家庭成员、家庭收入和家庭财产三个方面认定最低生活保障对象的具体条件，切实做到以家庭为单位，以收入为依据，以标准为参照，实行差额救助。优化最低生活保障审核审批流程，强化各个环节的责任主体、工作内容和操作规范，最大限度地减少自由裁量空间，提高政策的约束力。加强最低生活保障对象动态管理，对已纳入最低生活保障范围的家庭，要根据家庭收入可变程度进行分类管理，定期开展复核，已不符合条件的要及时退出保障范围。做好农村最低生活保障和扶贫开发政策衔接，在坚持依法行政、保持政策连续性的基础上，加强农村最低生活保障制度和扶贫开发政策的有效衔接，帮助建档立卡贫困户和农村最低生活保障家庭脱贫脱困。

二是强化各类困难群众分类救助。加强特殊困难群体关爱帮扶，建立残疾人"两项补贴"标准动态调整机制，优化残疾人"两项补贴"审核审批规程。实施特困人员供养服务设施（敬老院）改造提升工程，推进护理型床位的设置和改造，提高收住生活不能自理特困人员的服务能力。打造一批农村失能特困人员集中照护机构（中心），提升贫困乡镇集中供养服务能力。保障孤儿及事实无人抚养儿童基本生活，将其纳入"民政惠民济困保"综合保险项目等予以帮扶。做好农村留守老人、留守儿童、留守妇女关爱服务，完善基础数据库，为开展

怎样攻克深度贫困

石柱县民政局工作人员开展核查调研

巫溪县红池坝镇干部入户探访

精准关爱、精准服务提供有力支撑。

三是进一步健全临时救助政策。加强临时救助救急兜底保障，坚持"先行救助""分级审批"，简化优化临时救助审核审批程序，健全乡镇临时救助备用金制度，适当提高临时救助标准，提升救助实效。加强临时救助和低保政策衔接，返贫人口和新增贫困人口基本生活困难的，可先行给予临时救助，符合条件的按规定纳入低保范围。各区县（自治县）建立社会救助"一门受理、协同办理"机制，在乡镇人民政府（街道办事处）公共服务中心，设立统一的社会救助申请受理窗口，方便群众求助；充分利用已有资源，按照社会救助体系建设要求，加快建设社会救助管理综合信息系统，建立社会救助管理部门之间信息共享机制。建立社会力量参与机制，充分发挥群众团体、社会组织等社会力量的优势，鼓励、支持其参与临时救助。

做好兜底保障，巩固脱贫质量

彭水县通过向第三方服务机构购买社会救助服务的方式，组建服务团队，深入各个乡镇（街道），长期开展贫困群众的救助工作，根据实际情况开展救助行动，解决深度贫困

丰都县三建乡"板房"乡政府

乡镇以往无人办事、群众救助难、兜底不及时等现象。

如在今年疫情期间,三义乡小坝村的贫困户周禄亮不幸感染了新冠肺炎,乡里的相关工作人员每月都会上门,了解他的家庭情况,保障他的家庭生活不受疫情影响。"每个月10号,970元的低保金会按时打到卡上。2020年新冠肺炎疫情期间,乡里还根据我的肝硬化病情发放了2000元的临时救助金。"周禄亮对党的政策很是感激。

兜底保障担负着脱贫攻坚的底线任务，是解决贫中之贫、困中之困、坚中之坚的最后防线，是全面小康的托底安排。2020年彭水县民政局充分发挥兜底保障政策合力，调动全局工作力量，确保符合条件的贫困人口兜底保障不漏一户、不落一人，让困难群众心中有底。加强摸排，确保符合各项兜底条件的对象应保尽保。组建6个工作队伍，按月进村入户开展走访，主动发现、及时救助未脱贫、返贫和新增贫困人口，并将各乡镇（街道）资金发放的情况纳入日常核查工作的内容，确保低保、特困、临时救助等资金及时发放，为群众基本生活兜好底。[1]

（二）深度贫困地区社会保障落实情况

脱贫攻坚期间，重庆市进一步提高农村社会保障水平，促进农村低保制度与扶贫开发政策有效衔接，完善临时救助体系，充分发挥社会保障兜底脱贫作用，应扶尽扶，应保尽保，不让贫困群众在小康路上掉队。

一是农村社会保障兜底水平不断提升。重庆市民政

---

[1] 刘茂娇，黄伟，崔坤尧.彭水民政 坚持"三聚焦"做好脱贫攻坚兜底保障.重庆日报,2020-12-8(11).

局在2018年10月指出，聚焦深度贫困，紧扣"四个深度发力"，助推18个深度贫困乡镇脱贫攻坚工作。实施低保兜底扶贫，加强农村低保制度与扶贫开发政策有效衔接，对符合低保条件的农村贫困人口实行政策性兜底保障。重庆市18个深度贫困乡镇各项扶贫惠民政策落实到户到人头，精准实施"两不愁"措施，通过户申请、村核实、乡核查，把无劳动力、弱劳动力贫困户纳入兜底保障，为困难群众发放临时救助金和生活物资，保障基本生活，实现应保尽保，应扶尽扶。比如双龙镇完善低保动态管理机制，做到"应保尽保、应退尽退"，全镇享受低保1251户1905人，其中贫困户540户829人。2017年8月以来，累计发放保障金1280.6万元，发放残疾补贴及优抚保障金355.52万元。贫困户医疗保险参保率100%，达龄人员享受养老待遇100%。

二是深度贫困地区贫困人口社会保障全覆盖。重庆市18个深度贫困乡镇各项扶贫惠民政策落实到户到人头，实现对贫困户社会保障全覆盖。如隘口镇精准落实民政兜底政策。低保兜底696户1552人（其中建卡低保户236户612人），特困供养人员132人，贫困对象实现应保尽保。平安乡着力做好贫困线、低保线"两线合一"救助工作，将123户354人农村低保对象和7户9人农村特困人员纳入建档立卡范围，实行应扶尽扶，应保尽保。着力做好临时救助工作，通过降低门槛、提高救助

丰都县三建乡干部探访群众

金额，积极开展"救急难"工作，对因"灾害、突发事故、重大疾病、子女入学"等导致家庭基本生活困难的贫困户，区别困难程度分别按 500 元至 10000 元标准确定救助标准，帮助困难群众度过暂时性困难。天元乡筹资 105 万元兜底解决特困供养、低保、残疾人生活保障 834 人，实现户户收入越线达标。

第四章·攻克深度贫困的成效与经验

重庆市深化脱贫攻坚以来，深入学习贯彻习近平总书记关于扶贫开发和视察重庆的重要讲话精神，坚持精准扶贫精准脱贫方略，聚焦深度贫困发力，制定实施《中共重庆市委 重庆市人民政府关于深化脱贫攻坚的意见》一个指导文件和"深度贫困乡（镇）定点包干脱贫攻坚行动方案"等三个具体工作方案，构建"一文三案"深化脱贫攻坚政策框架，形成了"1+3+N"深化脱贫攻坚政策体系，形成了"市领导＋市级责任单位主要负责人＋区县党政主要负责人＋深度贫困乡镇党政主要负责人"的指挥体系和"驻乡工作队＋驻村工作队"的落实体系，集中力量实施稳定脱贫提升、基础设施提升、产业扶贫提升、生态保护提升、人口素质提升、公共服务提升、村"两委"提升的"七大攻坚行动"。重庆市在攻克深度贫困取得显著成效的同时也积累了不少宝贵经验。

攻克深度贫困的总体成效

2017年8月以来，为深入贯彻落实习近平总书记关于扶贫工作的重要论述、特别是习近平总书记视察重庆和在解决"两不愁三保障"突出问题座谈会上的重要讲话精神，以及按照市委、市政府的统一安排，重庆市聚焦深度改善生产生活条件发力，统筹推进脱贫攻坚与乡村振兴，着力补齐基础设施短板；聚焦深度调整产业结构发力，抓山地农业、生态旅游和农村电商，推动农业"接二连三"，激发农村发展活力；聚焦深度推进农村集体产权制度改革发力，提高生产组织化程度，完善利益联结机制，扩大贫困群众参与度和受益面；聚焦深度落实扶贫惠民政策发力，把政策的"含金量"转化为群众的获得感，激发贫困群众内生动力。通过努力，重庆18个深度贫困乡镇脱贫攻坚取得显著成效，累计减少贫困人口22810人，实现所有贫困村整村销号，贫困发生率从2015年的18.24%下降到2019年底的0.36%。18个深度贫困乡镇基层设施和人居环境、农业产业结构、扶贫政策和扶贫机制落地见效、干部群众的精神面貌四个方面都发生了深刻变化。

一、深度贫困地区基础设施不断完善

累计新建改建农村公路1215公里，实施对外交通项目建设25个，下达乡镇客运站建设计划18个，建成8个，投入使用3个，172个行政村中已通客车153

丰都县三建乡乡村交通站

个。统筹整合各类水利项目资金 6.45 亿元，实施农村饮水、水土保持、小水电扶贫等水利工程项目 489 个，新修人畜饮水池 1141 口，5.8 万贫困人口受益。大力实施农网改造升级，新建及改造配电变压器 301 台，10 千伏线路 413 公里，低压线路 681 公里。建成 4G 基站 293 个，实现 4G 网络信号全覆盖，87 个行政村人口聚集区光纤覆盖。

二、深度贫困地区产业结构调整优化

2017 年 8 月以来，18 个深度贫困乡镇积极探索资源变资产、资金变股金、农民变股民"三变"改革，深度调整产业结构，发展特色高效农林经济作物，粮经比例从 2017 年初的 9∶1 调整为 2019 年底的 2∶8，特色产业发展初见成效。组建新型农村集体经济组织 21 个，成立农民专业合作社 297 个，引进龙头企业 118 家，建立"龙头企业+村集体经济组织+合作社+农户"的发展模式和利益联结机制，带动农户 7000 余户。实施财政扶贫资金"改补为投"，落实财政资金股权化改革近 1.8 亿元，受益贫困户达 6000 余户。量身定制"产业脱贫保"，全面覆盖贫困人口产业发展风险，承保贫困户 9803 户，已支付赔款 24.17 万元。

黔江区金溪镇山地蚕桑自动化大规模养殖

三、深度贫困地区脱贫质量显著提高

18个深度贫困乡镇坚持把脱贫质量放在第一位，深度落实"两不愁三保障"政策。截至2019年底，累计减少贫困人口22810人，实现91个贫困村全部整村销号，贫困发生率从2015年的18.24%下降到0.36%。"两不愁"问题较好解决，人均可支配收入达到9952元，安全饮水保障率达到100%。"三保障"政策落实到位，贫困家庭适龄学生控辍保学成效显著，义务教育阶段无失学辍学现象，送教上门政策落实到位；所有贫困人口均参加了基本医疗保险，所有贫困村均有标准化卫生室和合格村

丰都县三建乡的乡村小学

医,贫困人口住院自付比例控制在10%以内;易地扶贫搬迁和危房改造有序推进,打造集中安置市级示范点7个,累计实施贫困人口易地扶贫搬迁9991人,实施危房改造5000户。

四、干部群众精神面貌发生深刻变化

重庆市18个深度贫困乡镇认真贯彻落实《关于深入开展扶志扶智工作激发贫困群众内生动力的意见》,将扶贫工作与扶志扶智紧密结合,通过加大宣传动员力度,积极开展就业创业培训,贫困群众内生动力显著提

彭水县三义乡农民喜开颜

升。通过健全村规民约，设立乡贤讲理堂、成立道德评议会、组建村民议事会，全面开展脱贫攻坚"红黑榜""五好家庭"等评议活动，着力打造共建共治共享的社会治理格局。引进和培育扶贫龙头企业发展生态友好型劳动密集型产业，通过岗位补贴、场租补贴、贷款支持等方式，扶持企业在贫困乡村发展扶贫车间20个，吸纳近200个贫困家庭劳动力就近就业。开发农村保洁、保绿、护林、护路等公益性岗位，托底安置贫困人员就业1736人。

攻克深度贫困的基本经验

深度贫困的治理是世界公认的治理难题。经济、社会、环境、历史等多种因素共同作用、相互影响，造成深度贫困地区、深度贫困人口掉入了具有长期性的"贫困循环陷阱"。重庆市成功攻克深度贫困的实践，至少体现出以下几个方面的特点。一是政府起到贫困治理的主导作用，有效动员深度贫困治理需要的人力、物力、财力，制定出综合性贫困治理举措。二是注重从推动制度改革和联结机制创新入手，充分发掘和开发深度贫困地区的发展性资源，为深度贫困地区产业发展、深度贫困人口脱贫奠定了资源基础和实现路径。三是加快完善社会保障制度，为贫困人口构筑托底保障社会支持体系，防止贫困人口重新落入贫困陷阱。从具体层面，重庆市攻克深度贫困经验主要有以下几方面。

一、构建"以上率下、上下联动、全社会参与"工作机制

政府是公共治理的重要主体。在我国国情下，无论是公共治理的组织协调，还是公共治理的资源动员与整合，政府都是最重要的主体。攻克深度贫困问题，需要充分调动各级政府的积极性，强化治理责任，充分发挥政府在攻克深度贫困问题中的主导作用。重庆市委、市政府始终把脱贫攻坚作为重大政治任务和第一民生工程，深入贯彻习近平总书记扶贫开发重要讲话精神，深学笃用总书记视察重庆重要讲话精神。陈敏尔同志到重庆担任市委书记后，带头履行第一责任人责任，多次主持召开市委常委会议专题研究部署脱贫攻坚工作，多次到区县调研指导脱贫攻坚工作。落实市扶贫开发领导小组双组长制，市委书记陈敏尔和市长张国清任组长，市委副书记唐良智任常务副组长，4位市领导任副组长，41个部门"一把手"为成员。由市领导挂帅，组建18个市级扶贫集团对口帮扶18个扶贫开发工作重点区县。充分发挥区县党委作为本区县脱贫攻坚总指挥部、乡镇党委作为本乡镇一线战斗部、村党组织作为本村战斗堡垒"三个作用"，层层签订责任书，确保市、区县、镇乡、村四级书记齐抓共管。实施市内区县对口帮扶，组织1600余家民营企业参与"万企帮万村"，深化鲁渝扶

贫协作和国家机关定点扶贫，签订"1+8"扶贫协作协议，率先建立扶贫爱心网站。选派驻村工作队2915个、第一书记1688人、驻村工作队员2万余人，落实结对帮扶干部19.9万人。

在深度贫困乡镇脱贫攻坚中实行18位市领导一对一"定点包干制"和"指挥长制"。18个牵头部门选派18名副厅级领导干部担任驻乡工作队长、50名机关干部到深度贫困乡镇开展驻乡帮扶；市级扶贫集团各成员单位精选88名干部到深度贫困乡镇担任贫困村第一书记，市、区县累计选派驻乡、驻村工作队员和第一书记达500余人，形成了"市领导+市级责任单位主要负责人+区县党政主要负责人+深度贫困乡镇党政主要负责人"的指挥体系和"驻乡工作队+驻村工作队"的落实体系。

二、发展村集体经济：以产权改革促村集体"三变"

以资源开发推动减贫是精准扶贫的重要内容。党的十八大以来，推进农业产业规模化、组织化发展成为产业扶贫发展的重要特点。发展贫困村集体经济，既是推进产业扶贫组织化、规模化发展的重要方式，也能为乡村治理提供经济基础，发展村集体经济成为脱贫攻坚工作的重点任务指标。深度贫困地区基础设施薄弱、资源开发难度大，贫困村集体资源长期"沉睡"，村集体经济收入为零。如何挖掘并"激活"深度贫困地区"沉睡"的集体资源，成为发展村集体经济的首要任务。重庆市深度贫困治理探索的农村集体产权制度改革，为贫困村集体推进"三变"（资源变资产、资金变股金、农民变股民）奠定了制度基础，有效"激活"贫困村集体资源并发展了贫困村集体经济。

2017年以来，重庆市聚焦18个深度贫困乡镇深入开展深化脱贫攻坚工作。大力开展基础设施建设，全面改善深度贫困地区基础设施条件。借助被中央农办、农业农村部确认为全国12个整省推进农村集体产权制度改革试点的机遇，重庆市积极推进以农村集体资产清产核资、认定农村集体经济组织成员身份、推进农村集体经营性资产股份合作制、赋予农民股份的权能等为主要内容的农村集体产权制度改革。通过村集体资产清产核资，摸清楚贫困村集体资产家底，为盘活村集体资源奠定了坚实基础。通过农村集体经济组织成员身份认定，为赋予农民集体资产股份占有、收益、有偿退出及抵押、担保、继承等权能奠定基础。通过推进农村集体经营性资产股份合作制，既促进了将农村集体经营性资产折股量化到本集体经济组织成员，也实现了集体资源资产化和股份化。贫困村通过入股或参股等形式引入新型农业经营主体盘活集体资源资产，促进了村集体经济发展和集体收入增加。如黔江区在8个村（社区）集体产权制度改革中建立规范建立村（社区）股份制经济合作联合社8个，区委组织部筹措资金240万元、区农业农村委筹措资金220万元专项扶持深度贫困乡镇金溪镇村级集体经济，按照"支部+专业合作社+农户"模式发展村级集体经济，村集体每年按投入资金总额的6%提取资金，并按5：10：15：20：50比例进行分配（5%作为人才培养金和村级办公经费，10%用于提高村组干部报酬，15%作为对困难群众的扶贫济困金，20%作为公积公益金，50%按集体经济组织成员人数平均分配）。同时各村结合实际情况，用地票资金等入股村级合作社、金溪被服厂等组织和企业，实行固定分红和资产经营，8个村（社区）地票资金收入1310万元，2020年村集体经济收入共计145.6364万元，村（社区）平均收入18.2万元。

三、扶贫产业转型升级：以创新驱动产业结构调整

深度贫困山区发展基础差、生态环境脆弱，资源开发难度大，贫困人口长期经营经济回报低的粮食产业。如重庆深度贫困地区贫困农户以种植土豆、玉米、红薯

等粮食作物为主,且主要用于满足家庭消费,农业收入水平低下,农业转型升级势在必行。深度贫困地区农业转型升级(产业结构调整)的要义在于引入新的生产要素,深度挖掘深度贫困地区农业资源的经济价值,延长产业链条,带动产业价值提升和农民收入增加。

重庆深度贫困地区大多属于山地农业,同时18个深度贫困乡镇的产业条件和资源禀赋也存在明显的差异性。为此,重庆市委、市政府鼓励和支持深度贫困地区因地制宜推进产业转型升级和产业融合发展。如巫溪县天元乡区域闭塞、交通区位劣势凸显,产业基础薄弱,农业以传统粮食种植为主(土豆、玉米和红薯)。深度贫困乡镇脱贫攻坚战打响以来,天元乡多措并举推进产业扶贫,促进产业结构调整和农民增收。创新探索"资金资产量化改革",引入新型经营主体,贫困村和贫困户资产量化入股,固定分红方式,实现增收;探索"返包倒租"模式,由合作社统一流转土地集约开发,完善基础设施达到标准化生产条件后租赁给贫困户,实行保底分红与效益分红相结合;探索"股份制合作"模式,把资金、土地资源、土地附属物、劳动力、生产资料、技术等生产要素同等量化,形成"合作社+农户+村集体"共同经营,按比例分红带贫;推行"合作共享"模式,采取"大户+散户"组建合作社,将单户相对分散的山林、土地等资源统一规划、集中整合,实行经营资产、市场信息、种养技术、劳动力等农业要素共享；实施"户企联营"模式，采取"企业+农户"联合经营，以农户为核心，通过购买企业服务和管理，实现双方共赢发展；实施"托管代养"模式，针对部分无劳动力、无技术、自身发展能力弱的农户，实行生产托管方式，按照"规模代养、群众分红"带动增收；实施"两还一借"模式，利用财政资金支持农业经营主体采取"借羊（牛）还羊（牛）、借猪还本、订单养殖、保底回收"方式，带动贫困户发展特色养殖业。

四、健全医疗保障体系：构筑"七道医疗防线"

医疗保障是社会保障兜底的重要内容。随着因病致贫成为我国农村贫困最主要的致贫原因，医疗保障在社会保障兜底中的地位更加凸显，甚至起到决定性作用。深度贫困地区是经济发展的凹地，经济发展水平低，地方政府财政能力孱弱。医疗资源长期不足，医疗保障普遍低水平。"大病拖，小病抗，挨死才往医院抬"在深度贫困地区相当普遍。补齐医疗保障短板，既是提升深度贫困地区兜底保障水平的应有之义，也是攻克深度贫困的"规定动作"。补齐医疗保障短板，关键在于推进各类医疗保障资源的整合，实现各类医疗保障制度精准叠加，织牢医疗保障安全网。

为做好健康扶贫工作，织牢医疗保障安全网，确保贫困人口医疗有保障，重庆市探索实施"三保险""两救助"和"两基金"七条医疗保障防线，落实资助参保政策，实行"两升两降一取消"，减轻贫困人口医疗负担。第一，"三保险"即城乡居民基本医疗保险、大病保险和商业补充保险。第二，"两救助"即民政医疗救助和疾病应急救助；将贫困人口全部纳入重特大疾病医疗救助范围，将因病致贫家庭重病患者纳入疾病应急救助范围，如在重庆市行政区域内发生急危重伤病、需要急救但身份不明或无力支付相应费用的患者，医疗机构对其紧急救治所发生的费用，可向重庆市红十字基金会申请补助。第三，"两基金"即扶贫济困医疗基金、健康扶贫医疗基金。扶贫济困医疗基金，对农村贫困人口发生医保目录外医疗费用单次超过 3000 元的，在不超过总费用的 30% 以内实施分段分档救助，每人每年最高救助额度不超过 5 万元。健康扶贫医疗基金，对贫困人口在医保定点医疗机构单次就医产生的医保目录内经基本医保、大病保险（大额医疗）、民政医疗救助后个人承担的自付医疗费用，实行分段救助，救助标准为自付 1000 元（含）—1 万元（不含）部分，按照 70% 比例予以救助，自付 1 万元（含）—5 万元（不含）部分，按照 85% 比例予以救助，自付 5 万元（含）以上部分，按照 95% 比例予以救助；每人每年最高救助额度不超过

20万元。第四,"两升两降一取消"中,"两升"即农村贫困人口在区域内区县级医院住院费用基本医保报销比例提高10个百分点达到55%,农村贫困人口大病保险报销范围自付费用在起付标准至20万元(含)内、20万元以上的报销比例提高5个百分点达到65%;"两降"即农村贫困人口在区域内区县级医院基本医保住院报销起付线降低50%,大病保险起付标准降低50%;"一取消"即取消年度报销限额。

第五章·深度贫困治理的总结与展望

2020年12月3日，中共中央政治局常务委员会召开会议，听取脱贫攻坚总结评估汇报，习近平总书记主持会议并发表重要讲话。他指出："脱贫攻坚的重大胜利，为实现第一个百年奋斗目标打下坚实基础，极大增强了人民群众获得感、幸福感、安全感，彻底改变了贫困地区的面貌，改善了生产生活条件，提高了群众生活质量，'两不愁三保障'全面实现。"[1]会议指出，我国发展不平衡不充分的问题仍然突出，巩固脱贫攻坚成果的任务仍然艰巨。要深入贯彻落实党的十九届五中全会精神，巩固拓展脱贫攻坚成果。要保持帮扶政策总体稳定，严格落实"四个不摘"要求，保持现有帮扶政策、资金支持、帮扶力量总体稳定。

---

1. 习近平总书记在中共中央政治局常务委员会会议上听取脱贫攻坚总结评估汇报时的重要讲话，2020年12月3日。

攻克深度贫困的实践总结

重庆市坚决贯彻落实中央深度贫困地区脱贫攻坚决策部署，把深度贫困乡镇作为打赢深度贫困地区脱贫攻坚战的着力点，在实践中探索建立了从深度贫困识别到实现脱贫再到巩固脱贫和衔接乡村振兴的系列工作体系，形成了具有重庆市地方特色的深度贫困治理模式。

一、精准识别深度贫困乡镇

重庆市参照国家确定深度贫困县的标准，结合本地实际，建立了"三高、一低、三差、三重"的识别标准，精准识别深度贫困乡镇。"三高"，即贫困发生率高、贫困人口占比高、贫困村占比高；"一低"，即人均可支配收入低；"三差"，即基础设施差、生存环境差、主导产业带动能力差（乡镇贫困人口参与主导产业发展的比例不高）；"三重"，即低保五保残疾等贫困人口脱贫任务重、因病致贫人口脱贫任务重、贫困老人脱贫任务重。

重庆市14个国家扶贫开发重点区县均按照以上标准进行倒排普查、综合排序。同时，适当考虑区域平衡和发挥示范带动作用的要求，明确从巫溪县、城口县、彭水县、酉阳县等4个贫困程度较深的县分别确定2个综合排序最后的乡镇作为深度贫困乡镇，从万州区、黔江区、武隆区、开州区、丰都县、秀山县、石柱县、奉节县、云阳县、巫山县等10个区县分别确定1个综合排序最后的乡镇作为深度贫困乡镇，最终识别出18个深度贫困乡镇作为攻克深度贫困的聚焦地区。

二、建立深度贫困攻坚治理体系

重庆市深度贫困人口众多，脱贫攻坚任务十分艰巨。为确保如期实现深度贫困地区脱贫攻坚目标，重庆市积极探索构建了以瞄准深度贫困乡镇为核心的脱贫治理体系。

一是建立组织领导体系。由市委、市政府领导和市人大、市政协主要领导逐一定点包干，担任指挥长，实行市领导包县、县领导包乡、乡领导包村,构建"市领导挂帅＋市级责任单位主要负责人＋区县党政主要负责人＋深度贫困乡镇党政主要负责人"的指挥体系,明确市级总体责任,区县主体责任、乡村两级直接责任,层层压实责任、传导压力。按照重庆市委、市政府《关于打赢打好脱贫攻坚战三年行动的实施意见》部署,将"三年行动"重点任务逐一分解到53个牵头部门和55个参与单位,层层签订脱贫目标和成果巩固责任书。实行最严格的督查考核,建立常态约谈机制,形成一级抓一级、层层抓落实的工作格局。

二是科学编制深度贫困脱贫攻坚项目规划。通过入户走访、召开院坝会等多种形式,听取群众意见建议,多次组织相关区县和市级部门召开专题会议,听取规划编制工作情况汇报,研究、指导规划编制工作。市交通局、市水利局、市教委、市卫健委等21个市级部门充分发挥行业优势,深入到深度贫困乡镇一对一指导规划编制工作。市规划局通过大数据支持,助力区县科学编制脱贫攻坚规划。从15个市级部门精选相关专家,组建脱贫攻坚项目专家库,指导规划编制工作,并召开专家咨询评估会,对18个深度贫困乡镇脱贫攻坚规划逐一进行评审。

三、全力推进深度贫困攻坚行动

一是推进实施深度贫困地区脱贫七大行动。在精准摸清情况后,重庆市在深度贫困乡镇有针对性地实施稳定脱贫、基础设施、产业扶贫、生态保护、人口素质、公共服务、村"两委"等七大提升行动。聚焦深度贫困乡镇贫困人口,交通、水利等相关基础设施行业部门向贫困户倾斜,危房改造、易地搬迁、生态保护等项目优先安排贫困人口,资产收益、股权改革等脱贫创新机制重点瞄准贫困人口。实施基础设施提升行动,推进贫困村巩固提升工程,大力实施"路、水、电、讯、房"基础设施建设,解决深度贫困乡镇的基础设施瓶颈制约。实施产业扶贫提升行动,立足资源禀赋、生态条件和市场需求大力发展特色优势农业,围绕"旅游+""生态+"等,推进二三产业向乡村深度融合,积极推行农村"三变"改革。实施生态保护提升行动,加大深度贫困乡镇生态保护修复力度,退耕还林、天然林保护、石漠化治理等生态工程向深度贫困乡镇倾斜,生态转移支付优先用于深度贫困乡镇。实施人口素质提升行动,加强对贫困群众的教育引导。在消除贫困意识的同时注重培育贫困群众发展生产和务工经商的基本技能,提高深度贫困乡镇和贫困群众自我发展能力。实施公共服务提升行动,全面改善深度贫困乡镇卫生院条件,深入实施教育扶贫工程,全面加强深度贫困乡镇公共文化服务。实施村"两委"提升行动，加强深度贫困乡镇农村基层组织建设，选好配强村"两委"班子，不断提高乡村干部脱贫攻坚能力和水平，发挥好村党组织在脱贫攻坚中的战斗堡垒作用。

二是打通深度贫困脱贫攻坚"最后一公里"。设立18个深度贫困乡镇脱贫攻坚指挥部，下设18个驻乡工作队，由市级18个部门的副厅级领导干部任驻乡工作队队长，从市级责任部门和帮扶单位选派70名驻乡工作队员和88名驻村第一书记，与346名区县、乡镇干部共同组成。制定《驻乡驻村干部管理办法》，明确驻乡驻村工作队员职能职责，加强日常管理，严格实行工作考核，落实工作生活保障，建立召回制度，切实提高驻村驻乡帮扶工作质量。

四、巩固拓展脱贫成果与乡村振兴衔接

18个深度贫困乡镇全面落实"四个不摘"要求（摘帽不摘责任、摘帽不摘政策、摘帽不摘帮扶、摘帽不摘监管），建立并完善了防止返贫动态监测和帮扶机制。以18个深度贫困乡镇作为推进巩固拓展脱贫成果与乡村振兴衔接的重点区域，做好规划衔接、政策衔接、工作衔接和保障衔接的"四个衔接"。围绕"产业兴旺、生态宜居、乡风文明、治理有效、生活富裕"的总要求，将深

度贫困地区脱贫攻坚工作与乡村振兴战略深度融合，主要从基础设施、产业发展、公共服务、人居环境、政策措施、工作机制等六个方面进行衔接试点工作，突出抓重点、补短板、强弱项，着力把18个深度贫困乡镇打造成乡村振兴战略的示范点、振兴点。

深度贫困地区
巩固拓展脱贫成果展望

　　重庆市深度贫困地区脱贫攻坚建构了以深度贫困乡镇瞄准核心的脱贫治理体系，推动深度贫困地区经济社会快速发展和贫困群众高质量脱贫，进入全面建设社会主义现代化国家的新发展阶段。重庆市原深度贫困的地区和人群仍然是巩固拓展脱贫成果的重点和难点。

一、原深度贫困对象是巩固拓展脱贫成果的重点

　　一是深度贫困地区和人群脱贫的可持续性比较差。深度贫困的贫困程度要深于普通贫困程度，致贫原因也比普通贫困要复杂。尽管通过集中攻坚深度贫困地区和群众实现了脱贫，但致贫原因复杂，各类致贫因子对脱

贫的影响仍比较大，原深度贫困地区和人群脱贫的可持续性不强，因而深度贫困地区和人群仍是新阶段脱贫成果巩固的重点对象。二是深度贫困地区和人群脱贫的稳定性比较差。全国和重庆市脱贫摘帽的进度表明，深度贫困地区和人群脱贫的时间普遍要晚于其他类型贫困地区和人群。一些深度贫困地区和深度贫困人口直到2020年才实现脱贫，缺少其他类型贫困普遍获得的1—2年的巩固提升期。因而进入新阶段，重庆市原深度贫困地区和人群脱贫的稳定性也会差于其他地区和人群。新阶段重庆市仍需要将原深度贫困地区和人群作为巩固拓展脱贫成果的重点对象。

二、原深度贫困对象是巩固拓展脱贫成果的难点

一是原深度贫困地区和人群的脱贫成效仍需要检验。深度贫困的地区和人群脱贫后，相关的致贫因子并没有完全消失，相应的扶贫举措成效也有待于进一步检验。如一些刚刚建立起来的扶贫产业也需要2—3年的时间来检验成效。原深度贫困地区和人群脱贫的滞后性以及效果的不稳定性，使得原深度贫困地区和人群的贫困治理成为新阶段巩固拓展脱贫成果的难点问题。二是原深度贫困地区发展的相对劣势并没有得到根本性扭转。

深度贫困地区地理位置偏远、发展资源条件比较差，经过脱贫攻坚，深度贫困地区的基础设施得到了显著提升，产业发展也有一定的成效，但深度贫困地区与市场和区域经济中心的距离远，发展成本高于普通贫困地区和其他地区，发展资源质量低于其他地区的发展劣势并没有得到根本性扭转。如何在现有的基础上进一步缩短原深度贫困地区与其他地区的发展差距将是一个艰巨的任务。三是原深度贫困地区和人群的可持续脱贫难度大。深度贫困地区和人群的内生发展能力要低于其他地区和人群。通过政府强力推进深度贫困地区脱贫攻坚，深度贫困问题得到了有效解决。深度贫困地区脱贫攻坚毕竟是外源主导，深度贫困地区和人群逐渐形成了一定的外部依赖性。深度贫困的外部依赖性加大了新阶段巩固拓展脱贫成果的难度。

三、强化有为政府和发展有效市场

一是注重提升政府贫困治理的效率。为了实现深度贫困地区如期脱贫，深度贫困地区脱贫攻坚中政府驱动的轮子转得很快，政府大包大揽，人力、物力和财力的投入都很大。进入新的发展阶段，扶贫工作由集中作战转入常规作战，政府将继续主导脱贫成果巩固和相对贫困治理，但在投入方式和范围上必定有所调整。如更加注重保障性扶贫的投入与体系建设,同时鼓励社会力量参与,将资源开发、能力建设等内容更多地交给社会来实施。新阶段巩固拓展脱贫成果中有为政府强调的是政府在攻克深度贫困期间的"大包大揽"转变为在新阶段的重点、精准发力,实施更有效率的治理行动。

二是更加注重发展有效市场。市场力量是脱贫攻坚的重要参与主体。在深度贫困地区脱贫攻坚中,市场力量既参与产业资源的开发扶贫,带动贫困人口脱贫,又通过"万企帮万村"等机制参与到大扶贫格局下的社会扶贫。市场力量的扶贫道义达到了一个较高的程度,但也带来了市场效率的下降,扶贫产业的可持续发展面临挑战。在新的发展阶段,应该更加注重发展有效市场,市场力量主要基于产业开发的市场利润参与产业开发。严格按照市场导向选择和发展产业,充分发挥市场主体在产业经营与发展中的主体作用,尊重市场主体在产业开发中获取合理的经济利益。

后记

攻克深度贫困是打赢脱贫攻坚战必须完成的任务。本书在论述中央深度贫困治理指导思想、理论基础、顶层设计等基础上，着重介绍了重庆市委、市政府认真贯彻落实中央深度贫困地区脱贫攻坚决策部署，展现了重庆市通过脱贫攻坚体制机制创新攻克深度贫困的实践图式，总结了重庆市深度贫困治理的成效与经验。最后对重庆市深度贫困治理前景做了分析与展望。

本书在国家乡村振兴局中国扶贫发展中心的指导下开展研究工作。全书由覃志敏设计研究框架、提纲，审定全书。各章节撰写工作由广西大学公共管理学院、广西大学区域社会治理创新研究中心等机构的专家承担。各章作者分别是：

第一章　覃志敏　韦东阳

第二章　覃志敏　贾雯雯

第三章　覃志敏　李凯山　朱鸿禹

第四章　覃志敏

第五章　覃志敏

本书的研究框架设计得到了国家乡村振兴局中国扶贫发展中心主任黄承伟教授的悉心指导，攻克深度贫困实地调研获得了国家乡村振兴局中国扶贫发展中心、重庆市乡村振兴局、广西大学区域社会治理创新研究中心等部门的大力支持和帮助，全部插图由重庆市乡村振兴局提供。借书稿付梓之机，特此向黄承伟教授致以诚挚谢意！向中国扶贫发展中心、重庆市乡村振兴局等致以衷心的感谢！

　　中国文联出版社为本书出版提供了有力支持。本书在出版过程中，出版社的编校老师们进行了大量的书稿加工工作，确保了本书的顺利出版，在此向他们表示衷心的感谢和敬意。

　　错漏难免，敬请扶贫研究以及政策实践领域的专家及广大读者批判指正。

覃志敏
2021 年 5 月